Germaine Picotin

De l'autre côté de la rivière

Germaine Picotin

De l'autre côté de la rivière

Des outils pour triompher d'une épreuve

Éditions Vie

Impressum / Mentions légales

Bibliografische Information der Deutschen Nationalbibliothek: Die Deutsche Nationalbibliothek verzeichnet diese Publikation in der Deutschen Nationalbibliografie; detaillierte bibliografische Daten sind im Internet über http://dnb.d-nb.de abrufbar.

Information bibliographique publiée par la Deutsche Nationalbibliothek: La Deutsche Nationalbibliothek inscrit cette publication à la Deutsche Nationalbibliografie; des données bibliographiques détaillées sont disponibles sur internet à l'adresse http://dnb.d-nb.de.

Coverbild / Photo de couverture: www.ingimage.com

Verlag / Editeur:
Éditions universitaires européennes
ist ein Imprint der / est une marque déposée de
OmniScriptum GmbH & Co. KG
Heinrich-Böcking-Str. 6-8, 66121 Saarbrücken, Deutschland / Allemagne
Email: info@editions-ue.com

Herstellung: siehe letzte Seite /
Impression: voir la dernière page
ISBN: 978-3-639-61452-7

De l'autre côté de la rivière

Des outils pour triompher d'une épreuve

DU MÊME AUTEUR

• Choisir la santé une belle façon de s'aimer
Éditions Grand Vent 2008

• Les quatre piliers de la vitalité
Éditions Quebecor 2010

• Comment vaincre nos résistances Un chemin vers Soi
Éditions Quebecor 2012

Germaine Picotin

Conception de la photo, des   pages de chapitre et des signets: Jean-François Vézina et Delphine Egesbord
Dessin des pages de chapitre : Delphine Egesborg

À toutes les âmes collaboratrices
qui font et ont fait partie de ma vie

Prologue

Je traverserai le pont
quand je serai rendue à la rivière

Depuis la fin de l'écriture du livre « Choisir la santé une belle façon de s'aimer », c'est la première fois que je reviens en ces lieux : le Monastère Notre-Dame de l'Annonciation sur le boulevard Gouin Est à Montréal. Quand le besoin d'écrire surgit, c'est ici que je trouve la meilleure énergie pour laisser les mots se coucher sur le papier virtuel de l'ordinateur. Cette fois, j'ai peine à respecter mon rituel, celui de toujours commencer mon séjour chez les Recluses par une séance de méditation à la chapelle. Je n'arrive pas à calmer mon discours intérieur : les mots se bousculent et essaient de se frayer un chemin jusqu'au clavier. Je me concentre sur ma respiration, espérant trouver le calme intérieur qui m'aidera à préciser quelle motivation inspire cette nouvelle aventure littéraire. Rien à faire : je sens l'urgence de commencer à écrire.

C'est aujourd'hui le 7 mai 2009, jour anniversaire de l'agression. En effet, le 7 mai 2008 à midi, j'ai été victime d'un acte criminel dans la cour arrière de ma demeure : un homme a tenté de me violer. Après environ dix minutes de « bousculade » et à la suite d'une parole inspirée que je lui ai dite, il s'est ravisé et m'a quittée en empruntant le même chemin qu'il avait emprunté pour me poursuivre jusque dans ma cour. Ces dix minutes, où j'ai éprouvé le sentiment d'être seule au monde, ont marqué à jamais le cours de ma vie. J'ai vécu, en accéléré, toutes les étapes du deuil et la plupart des émotions désagréables qu'il est possible de ressentir en si peu de temps.

Malgré tout, je considère avoir été chanceuse et privilégiée car le dénouement a été heureux, comparativement à plusieurs victimes d'actes criminels. Le choc traumatique vécu a tout de même laissé quelques traces.

Si aujourd'hui, je sens le besoin d'écrire comment j'ai intégré cette expérience dans ma vie, c'est parce que je crois pouvoir aider d'autres personnes ayant besoin de transcender une épreuve. Je ne prétends pas qu'il y a une seule façon de vivre ces types d'événements : loin de moi cette pensée. Mon objectif est simplement de vous faire part de la vision et des croyances qui ont fait que le traumatisme vécu, en plus de n'être pas devenu un état de stress post-traumatique, a été pour moi une étape d'évolution. Il y a une maxime populaire qui dit : je traverserai le pont lorsque je serai rendu à la rivière. Cet adage, quand on le fait sien, témoigne que nous avons acquis une confiance totale en soi, en la Vie et en une Force qui est là pour nous accompagner quand il faut affronter les difficultés qui se présentent à nous. Nos parents l'appelaient « la grâce d'état ». Je l'appelle « le courage de faire face ».

Dans tout événement douloureux, hors de notre contrôle, que nous n'aurions pas choisi puisqu'il cause de la souffrance, il nous est demandé de faire face. Que ce soit la perte d'un être cher, d'un emploi, d'un animal domestique ou de biens matériels, que ce soit le résultat d'un acte criminel ou d'un acte de la nature, que ce soit une maladie mortelle ou passagère, des handicaps permanents ou temporaires, il nous faut déployer toutes les ailes de notre courage afin d'affronter ce qui nous paraît alors insurmontable.

Quand nous arrivons face à la rivière et que nous ne pouvons plus reculer, il y a des attitudes, des pensées et des croyances qui font que la traversée du pont est plus ou moins facile et plus ou moins longue. Si, tant bien que mal, nous avons traversé le pont et que nous souffrons encore, il nous faut chercher des personnes-ressources qui nous aideront à découvrir le sens de cette expérience et à trouver la paix à l'intérieur de nous. Les épreuves sont des opportunités de changer, de nous développer et de nous transformer. On peut donc les considérer comme des cadeaux de la vie, mais néanmoins, très bien enveloppés.

Ces cadeaux n'ont jamais l'air d'un cadeau. Il faut chercher sous l'emballage, et c'est un choix de les recevoir comme un cadeau plutôt que comme une brique qui nous tombe sur la tête. Oui, c'est possible de trouver le cadeau sous l'emballage, si nous le choisissons.

De gré ou de force, nous sommes façonnés par les événements et les expériences que nous apporte la Vie. Toutefois, accepter les opportunités de la vie comme des cadeaux ne veut pas dire que nous ne pouvons pas réagir et nous battre. Au contraire, nous devons tout faire pour adoucir l'épreuve. Accepter, plutôt que résister aux événements alors que nous n'avons aucun pouvoir sur eux, permet de souffrir moins. Dans ce livre, en toute simplicité et dans un esprit d'entraide, je vous partage et je découvre avec vous, amis lecteurs, ce qui fait que la traversée d'une épreuve devient une étape d'évolution et comment il devient alors possible de voir les étoiles, même au fond d'un puits.

Si vous vivez actuellement une perte importante, s'il vous est difficile d'accepter une épreuve dans votre vie, si vous désirez donner un nouveau sens à cette épreuve, si vous avez déjà été victime d'un acte criminel et que vous en subissez encore les conséquences et si vous êtes prêt à vous ouvrir à de nouvelles croyances, ce livre est pour vous. Il vous aidera sans aucun doute à faire le point, à trouver le sentier lumineux qui éclairera la traversée de votre pont et vous permettra de continuer votre route dans la sérénité et la paix intérieure, en vivant avec et malgré les épreuves rencontrées sur votre chemin.

Après vous avoir partagé ma vision de la vie et quelles croyances fondamentales m'ont soutenue après cette agression, dans chacun des chapitres suivants, je développerai des thèmes relatifs à ces croyances. Il se peut que vous ayez l'impression, quelquefois, qu'il vous manque de l'information pour comprendre mes propos. Certains thèmes sont traités dans le chapitre relatif à la croyance développée.

Par exemple, j'ai été tentée de développer le thème « Le Plan préconçue de l'âme[1] avant son incarnation » au moment où je vous parle de ma vision de la Vie, dans l'introduction. J'ai plutôt choisi de traiter ce thème dans le chapitre 3 qui élabore la croyance « Les événements qui arrivent dans ma vie ont été soigneusement choisis par mon âme ». Il va de soi qu'il est à sa place dans ce chapitre. Je vous demande donc d'être patient et persévérant : tous les maillons constitueront une chaîne quand vous terminerez le livre. Par contre, libre à vous d'aller lire des passages ultérieurs si vous en sentez le besoin pour mieux comprendre.

À la fin de chacun des chapitres, je vous inviterai à vous questionner en vous demandant : "Et vous, où en êtes-vous"? Ainsi, vous pourrez personnaliser votre traversée. Sachez que vous obtiendrez des résultats à la mesure de votre investissement personnel. Plus vous consacrerez de temps à votre introspection, plus vous en retirerez des bienfaits sur le plan de votre équilibre émotionnel. Il se peut que les propos de ce livre, vous propulsant dans une épreuve passée ou actuelle, vous bouleversent ou soulèvent des émotions douloureuses. Je vous encourage donc à trouver quelqu'un avec qui vous pourrez parler des émotions que vous vivez.

---

1 Malgré que le mot âme relève du langage judéo-chrétien, lorsque l'auteure parle de l'âme et de la vie spirituelle, elle ne parle surtout pas d'une religion quelconque mais de ce besoin, à l'intérieur de chacun, de se référer à plus grand que soi, de trouver un sens à sa vie et d'atteindre un état intérieur de paix, de sérénité, d'amour et d'unité avec l'Univers.

Il serait aussi très thérapeutique, que vous preniez l'habitude d'écrire votre journal personnel, plus particulièrement si le sujet vous touche ou que vous traversez une épreuve actuellement. Ce journal, dans lequel vous consignerez vos pensées, vos émotions, vos rêves, vos questionnements, vos peurs et vos espoirs, pourrait devenir un compagnon de route très supportant et très éclairant. L'écriture permet de clarifier les pensées et d'évacuer les émotions désagréables. Vous en sentirez les effets bénéfiques.

Je ne répondrai sans doute pas à toutes vos questions. Je vous présente un point de vue seulement. Si vous voulez approfondir des notions concernant, par exemple, le choc post-traumatique, le pardon ou les étapes du deuil, vous aurez les références pour le faire. Pendant votre lecture, je vous suggère de vous connecter à votre cœur. Il saura puiser en ces pages ce qui lui convient et est bon pour lui.

Je ne prétends pas que mes propos sont une vérité absolue: vous possédez chacun votre propre vérité, laquelle vous est dictée par la résonance d'amour et de confort ressentie ou non. En d'autres termes, si votre cœur vibre au diapason des mots que vous entendez ou que vous lisez, c'est qu'il est en résonance intérieure et vous partagez les mêmes fréquences vibratoires que la personne qui vous parle ou dont vous lisez les propos.

Puisqu'il est question de croyances personnelles, peut-être certaines vous choqueront-elles au premier abord.Permettez-vous de vous ouvrir à des idées nouvelles, même si à première vue, elles peuvent vous sembler invraisemblables ou même choquantes : si vous tenez ce livre entre vos mains, c'est qu'il vous a interpellé tout de même. Osez explorer des points de vue différents et susceptibles de vous apporter un nouvel éclairage. Je vous demande seulement de considérer que c'est possible et de vous dire : « Et si c'était vrai? ». Qui sait si vous n'y trouverez pas enfin la légèreté et l'apaisement que vous cherchez. Tchouang-Tseu disait : "Les mots servent à exprimer les idées; quand l'idée est saisie, oubliez les mots" Alors, laissez-vous toucher, permettez à l'idée de se rendre à votre cœur et faites confiance à la synchronicité qui a permis que ce livre se manifeste à vous.

Nous vivons plusieurs traversées dans notre vie, en route vers la traversée finale que représente notre mort. J'ai la conviction profonde qu'à mesure que nous réussirons nos traversées quotidiennes, cette dernière traversée, plus ou moins appréhendée, deviendra pour nous l'ultime opportunité de réaliser notre Plan de vie. Nous l'accueillerons alors avec joie et espérance.

Bonne lecture! Bonnes traversées!

Introduction

Les multiples expériences que nous vivons dans notre vie ne méritent pas toutes le qualificatif « d'expérience exceptionnelle ». Notre quotidien est parsemé de gestes « banals » comme se brosser les dents, aller promener le chien, passer la balayeuse, vider les poubelles, etc. Malgré que chacun de ces gestes mérite toute notre attention et notre pleine conscience, il arrive que certains événements nécessitent une attention particulière et laissent des traces indélébiles. Les impacts de ces expériences « initiatiques » colorent le reste de notre vie. Elles sont initiatiques parce que nous ne sommes plus les mêmes après qu'avant l'expérience, parce qu'elles ont le pouvoir de nous faire évoluer, parce qu'elles apportent une meilleure connaissance de soi et de notre potentiel et parce qu'elles contribuent à réaliser notre Plan de vie.

Mais voilà que nous ne courons pas après ces expériences, malgré leur pouvoir bénéfique. Je dirais même que nous les fuyons comme la peste. Ainsi, lorsque nous vivons un deuil, une perte importante, l'annonce d'un diagnostic porteur d'une maladie chronique ou mortelle, une agression physique ou psychologique, ou quoi que ce soit d'autre bouleversant notre vie sur tous les plans, ces événements sont d'abord vécus comme des malheurs. Rassurez-vous, cette réaction est tout à fait normale. C'est bien plus tard, lorsque nous en comprenons le sens, que nous pouvons les voir comme des épreuves possédant un potentiel d'évolution.

Ma Vision de la vie mise à l'épreuve

Ma Vision de la vie repose sur la croyance, que nous avons vécu plusieurs vies antérieures et que notre âme choisit de venir se développer et se transformer de vie en vie.

Je parlerai plus longuement de l'âme au chapitre 3. En attendant, pour un minimum de compréhension et parce que je ne veux pas vous perdre, je vous en glisse un mot. Je décris l'âme comme une étincelle divine et la personnalité (l'être humain) comme une parcelle d'âme. La personnalité que l'âme a choisi d'incarner est constituée des corps physique, émotionnel, mental et spirituel. Le corps physique est notre véhicule terrestre, notre enveloppe corporelle. À travers notre corps émotionnel, nous expérimentons les émotions et les sensations. C'est dans la dualité de ces émotions (joie/peine, amour/haine, sérénité/amertume, paix/agitation, etc.), que l'être humain apprend à désirer vivre la joie, l'amour, la sérénité, la paix intérieure plutôt que la peine, la haine, l'amertume et l'agitation intérieure. Le corps mental gère les mécanismes de la pensée; il est logique. Par le corps spirituel, nous apprenons à devenir de plus en plus notre partie divine et à laisser notre étincelle intérieure illuminer nos vies.

> Pour moi, devenir divin, c'est vivre de plus en plus dans l'amour : de soi et des autres.

Tel que le dit Theillard de Chardin: "Nous ne sommes pas des êtres humains faisant une expérience spirituelle, mais des êtres spirituels faisant une expérience humaine". Mon âme me survit de vie en vie et poursuit d'une vie à l'autre sa progression spirituelle vers un vécu plus empreint d'amour inconditionnel.

Chacune de mes incarnations tend à me rapprocher de l'unité qui me fait devenir totalement humain et totalement divin.[2] Avec le temps, les années et les vies, j'ai acquis la certitude que, pour progresser dans cette recherche de la divinité, nous avons préalablement choisi de vivre certaines expériences dans nos différentes incarnations. La Vie, étant là pour nous appuyer dans nos choix, nous apporte ces expériences sur un plateau d'argent, quelquefois d'or.

Lorsque nous naissons, nous avons tout oublié du but de notre incarnation et de notre Plan de vie. C'est pourquoi nous nous plaignons quand ces événements surviennent. Mon âme, elle, n'a pas oublié. Elle se souvient du contrat planifié avant l'incarnation,

---

2 Desmarais, Lorraine, *Totalement humain totalement divin* C'est un livre que j'ai lu et relu et que je vous recommande fortement.

entre deux vies humaines. Par le biais des synchronicités, elle me propose et attire dans ma vie des situations qui m'offrent la possibilité de réaliser ce contrat. À moi de les accepter ou non. Tel que mentionné dans "La Vie des Maîtres"[3], le proverbe « L'homme propose et Dieu dispose » devrait plutôt se lire : « Dieu propose et l'homme dispose ».

En effet, nous avons toujours le choix de nos décisions de même que de nos perceptions, de nos relations, de nos acquisitions, de nos émotions, etc. Nous pouvons dire oui ou non à ce qui nous arrive, à ce qui nous est proposé par la vie. Nous pouvons choisir de vivre pleinement l'expérience ou de la subir. Tout n'est pas décidé : nous avons planifié, et maintenant, libre à nous d'utiliser notre libre arbitre pour accomplir. Ma vision de la vie s'est développée au fil des ans, des nombreuses lectures et des expériences vécues dans ma vie actuelle et dans mes vies passées.

Il se peut que certains d'entre vous ne soient pas familiers avec ces propos qui relèvent de la métaphysique[4]. Certaines idées vous paraîtront peut-être étranges et farfelues.
Je vous encourage à être persévérant dans votre lecture, et ces idées prendront probablement tout leur sens quand vous pourrez les mesurer et les appliquer à votre vécu.

Quand j'ai subi cette agression physique en 2008, tout s'est bouleversé dans ma tête. Mes croyances n'avaient jamais été autant confrontées. Je ne comprenais pas pourquoi j'avais à vivre cet événement et pourquoi ça m'arrivait « à moi ». Quand on ne comprend pas, il est difficile de croire que nous pouvons apprendre à travers un événement. En réalité, ma vision de la vie m'a soutenue dès l'arrivée de l'événement, même si je ne comprenais pas. Elle m'a aidée à faire taire le mental, car il prend une place trop importante dans ces moments-là.

Ma philosophie de vie, quoique fortement ébranlée, m'a aidée dans la traversée de mon pont, car il était bien là, surplombant une rivière tumultueuse et déchaînée. Ce pont, qui aurait dû me paraître comme une opportunité d'évolution, m'apparaissait plutôt comme une épreuve et une embûche insurmontables :

---

3 Spalding, Baird T. *La vie des MAÎTRES,* Quantic Audio 2007
www.quantikmusic.com

4 Selon la définition du dictionnaire : spéculation sur des choses abstraites. Selon P. Yvon Le Verrier, dans « Branchez-vous sur votre âme » la métaphysique est une branche de la philosophie expliquant l'origine des choses animées ou inanimées. Elle se réfère aux phénomènes au-delà du monde physique, au mysticisme qui tend aux expériences d'unité avec l'absolu et au psychisme qui fait référence à l'expansion de la conscience telle que l'intuition, la clairvoyance, la médiumnité, etc.

- Vais-je arriver à retrouver ma sécurité?
- Vais-je réussir à me sentir à nouveau sereine et tranquille à l'intérieur de moi et chez moi, dans ma propre cour?
- Vais-je être capable de faire encore confiance aux hommes?
- Dois-je porter plainte, et si je porte plainte, comment vais-je réussir à vivre le procès?
- Qu'ai-je fait pour provoquer cette agression?
- Pourquoi n'ai-je pas réussi à affronter l'agresseur plutôt que de fuir?
- Qu'est-ce que j'ai fait pour mériter un tel karma?
- Est-ce que je cesserai de souffrir un jour?

Voilà ce dont était construit mon pont. C'était un pont de peur de l'avenir, d'incertitude, d'insécurité, de tremblement intérieur, de difficulté à dire et à demander, de peine immense, de sentiments d'injustice, de solitude, de honte, de doute, etc. C'est le pont que j'avais à traverser à ce moment-là de ma vie et je voulais le traverser! J'avais appris à faire face et je voulais faire face! J'avais à dire oui et je voulais dire oui! Mais comment y arriver?

Bien sûr, j'ai eu un conjoint qui m'a admirablement supportée à tous les instants de cette épreuve. Je l'en remercie de tout mon coeur. J'ai eu mes enfants et mes amis à qui j'ai pu en parler : leur amour, empreint de compassion et de peine pour moi, me faisait chaud au cœur. J'ai eu la famille de Jean-Marie qui me manifestait beaucoup d'amour et d'attention. J'ai eu mon amie Sylvie qui se préoccupait constamment de moi et de mon vécu : elle en permettait l'expression. Elle pouvait ressentir exactement la peur et le sentiment de solitude que j'avais ressentis.

Et j'ai eu, en plus d'une vision de la vie inspirante, des croyances positives fondamentales inébranlables. Ces croyances, qui s'étaient construites au fil des ans et des expériences, étaient devenues tellement fortes que, malgré la peine et la souffrance, j'ai pu rebâtir la confiance et guérir en grande partie les blessures subies.

Ces croyances sont :

- Tout dans la vie arrive pour une raison,
- Les épreuves que nous affrontons nous font grandir,
- Les événements qui arrivent dans ma vie ont été soigneusement choisis par mon âme,
- Le temps et l'amour permettent la cicatrisation des blessures,
- Mon corps et mon âme savent trouver le chemin de la guérison.

Parce que j'avais cette vision de la vie et ces croyances positives, en plus du support de mes proches, j'ai pu un jour retrouver la paix à l'intérieur de moi, réussir à appeler l'agresseur par son nom, comprendre et accepter l'expérience attirée par mon âme, puis enfin, pardonner. Ce sont ces croyances positives et facilitantes que je vais explorer avec vous tout au long des prochains chapitres. À nouveau je vous redis que ce sont les croyances et la vision qui m'ont supportée dans mon expérience; vous aurez à trouver les vôtres ou à les développer pour vous aider à traverser votre pont.

Que vous viviez un deuil, une perte d'emploi, la perte d'un animal devenu un ami, une réorientation de carrière ou l'annonce d'un diagnostic, ce sont toutes des expériences douloureuses à vivre, donc des ponts à traverser.

Si certaines des croyances que je développe dans ce livre vous aident dans votre traversée, tant mieux : j'aurai donné au suivant. Mais avant de vous parler de mes croyances, peut-être avez-vous besoin d'être éclairés sur ce qu'est une croyance.

Quelques façons de définir une croyance

Dans l'esprit de beaucoup de personnes, les croyances sont des mythes donc nécessairement fausses et négatives. Il en est tout autrement. Nous possédons tous et toutes un système de croyances qui dirige nos vies et motive nos actions. Il est le plus souvent utile ; il devient nuisible quand il n'est plus approprié. Ce système de croyances est donc bien réel ; il est à découvrir et à amener à la conscience afin que nous puissions l'utiliser judicieusement.

Une croyance est donc :

1. une généralisation que le mental fait à propos de la réalité, à la suite d'un événement vécu. Par exemple, "Tous les hommes sont violents" est une croyance limitante pouvant découler de l'événement suivant: mon père était violent verbalement avec moi ou me frappait quand j'étais enfant.

2. une manière de penser et d'interpréter la réalité qui nous fait agir ou parler de telle façon. Par exemple, "Manger sainement est compliqué" est une croyance limitante qui fait que je n'arrive pas à planifier des repas santé et à organiser mon garde-manger. Probablement que dans mon enfance, les repas n'étaient pas très élaborés ou diversifiés et plutôt constitués à partir de conserves ou de mets congelés. J'ai alors conclu que préparer des repas avec des aliments frais devait être très compliqué.

3. une pensée qui motive nos actions, nos choix, nos perceptions. Par exemple, "Tout finit toujours par s'arranger dans la vie" est une croyance facilitante qui découle probablement du fait que mes parents trouvaient toujours une

solution aux problèmes qui se présentaient. J'en garde le souvenir, la perception et la croyance que j'ai la capacité d'en faire autant.

Les différents types de croyances

Une croyance peut être facilitante ou limitante. Elle est facilitante quand elle favorise mon plein épanouissement, qu'elle me permet de faire de bons choix, qu'elle facilite ma relation avec les autres, qu'elle contribue à la réalisation de mon plein potentiel, qu'elle élève mon taux vibratoire, etc. Je peux l'associer à une pensée positive telle que « Je suis une personne déterminée et créative ».

Elle est limitante quand elle m'empêche de m'affirmer, qu'elle me fait poser des jugements négatifs sur les autres, qu'elle limite ma liberté de choix et mon développement, qu'elle me fait nier les valeurs de compassion, de respect, de justice et d'équité, qu'elle abaisse mon niveau d'énergie, etc. Je peux l'associer à une pensée négative telle que « Je ne suis pas compétente et à la hauteur ».

L'origine des croyances

Notre système de croyances s'installe très tôt dans la vie. Dès notre naissance, nous expérimentons plusieurs types d'expériences pour la première fois, et de ces expériences agréables ou désagréables naissent des croyances.

Ainsi, jusqu'à l'âge d'environ 5 ou 6 ans, l'expérience précède la croyance, c'est-à-dire que le bébé ou l'enfant vit une expérience et il en découle généralement une croyance pour le reste de sa vie, à moins que devenu adulte, il décide de la changer. Selon que l'expérience a été agréable ou désagréable, voire traumatisante, il a développé une croyance qui lui donne le goût de la répéter ou au contraire, le protège de revivre cette expérience à nouveau.

À partir de 5 ou 6 ans, la croyance précède l'expérience, c'est-à-dire que les croyances installées dans sa jeune vie influencent dorénavant sa perception des événements et sa façon de les vivre. Le mental ayant enregistré dans l'inconscient les émotions ressenties, il se charge de les lui rappeler par le biais du système de croyances qui s'est développé en lui. Il se peut donc que sa croyance rende l'expérience facile à vivre et positive pour son développement, tout comme il se peut que sa nouvelle croyance soit plutôt limitante, l'empêchant ainsi de développer tout son potentiel.

Les croyances se forgent à la suite d'événements vécus, pour la plupart, dans l'enfance, mais elles peuvent aussi se développer à n'importe quel moment dans la vie. À la suite d'un petit accident d'auto sur une autoroute, nous pouvons développer des croyances telles que: "Rouler sur une autoroute est dangereux", "Je n'ai pas de bons réflexes ", "Parler en conduisant est dangereux", "Mes réflexes sont très bons puisque j'ai survécu à cet accident d'auto", etc.

Une croyance est un schème de pensée développé par le mental pour assurer notre survie. Par le truchement de ces croyances, tous les événements futurs, ayant ne serait-ce qu'une légère connotation avec cet accident, feront naître des peurs et limiteront notre action, ou bien nous protégeront d'un autre accident.

Ces schèmes de pensée nous ont souvent été transmis ou imposés par nos parents, nos éducateurs ou nos amis. Enfants, nous avons eu plus ou moins le choix d'adhérer à ces croyances, car c'était souvent, au moins dans notre esprit, une question de survie. Devenus adultes, nous avons le choix, et même la responsabilité, d'amener à la conscience ces croyances et de les changer lorsqu'elles ne nous servent plus ou sont devenues nuisibles. Nous avons le pouvoir de cesser d'être victimes de croyances inconscientes qui briment nos libertés de choix pour développer plutôt des croyances qui nous permettront de faire face aux événements et d'en retirer des apprentissages évolutifs. Pour cela, il est nécessaire de devenir conscient des croyances qui nous habitent.

Les impacts des croyances dans nos vies

Que nous ayons des croyances facilitantes ou limitantes n'est pas anodin. Si nos croyances sont plutôt facilitantes, il y a fort à parier que les pensées que nous entretenons sont positives, la plupart du temps, et que les émotions que nous ressentons sont généralement des émotions de joie, d'amour, de sérénité, de confiance, d'enthousiasme, de plaisir, etc. Parallèlement, si nos croyances sont plutôt limitantes, il y a aussi fort à parier que nos pensées sont probablement négatives et que nos émotions sont généralement des émotions de peur, de tristesse, d'appréhension, d'inquiétude, de défaitisme, de colère, d'amertume, de regret, etc.

Il est donc très important de devenir conscient des croyances qui nous habitent, ce qui n'est pas nécessairement facile, car les croyances sont la plupart du temps inconscientes. Nous les avons développées au fil des ans et des expériences et elles sont devenues des pensées automatiques.

Nos croyances et nos perceptions influencent nos décisions et nos choix à tous les instants et dans tous les facteurs de santé, tant l'alimentation, l'activité physique, l'équilibre émotionnel que le repos. Nous pouvons choisir de faire l'autruche en nous mettant la tête dans le sable (laisser nos croyances diriger notre vie) tout comme nous pouvons choisir de faire l'effort (car il s'agit bien d'un effort) de mettre à jour nos croyances et de développer la conscience, à chaque instant, de ce qui nous motive et nous fait agir.

Devenir présent à ce que nous pensons et à comment nous agissons dans chacun des secteurs de notre vie est très bénéfique. Cet acte de présence contribue à débusquer les croyances devenues nuisibles à notre santé et à les remplacer par de nouvelles croyances génératrices de santé.

Pour développer cette présence, je vous recommande un exercice qui s'appelle « La totalité »[5]. Il nous apprend à développer la conscience de ce que nous pensons, voyons, entendons, goûtons et ressentons à l'instant présent. Essayez-le, vous remarquerez des résultats tangibles et vous verrez que vous deviendrez de plus en plus conscient et présent à vous, à l'autre, à votre potentiel, etc.

"Découvrir le moyen d'être totalement présent pour répondre à ce qui arrive, c'est un des plus grands cadeaux que nous puissions nous offrir à nous-mêmes. Faire un pas à la fois dans la vie, accorder une attention et une énergie totales à chaque chose que nous faisons peut conférer une nouvelle vitalité et une merveilleuse créativité à tout ce que nous accomplissons."[6]

Le pouvoir des affirmations pour changer une croyance

Dès notre jeune âge et à notre insu, les croyances se développent et s'inscrivent dans notre subconscient. Ces pensées, que constituent nos croyances, génèrent les émotions que nous ressentons. Il est nécessaire, si nous voulons être en santé tant physique que psychique, de changer les pensées qui suscitent des émotions indésirables telles que la peur, l'insécurité, la honte, la culpabilité, etc. Il s'agit alors de devenir conscient de ces pensées et de ces émotions afin de pouvoir reprogrammer d'autres pensées génératrices d'émotions à tonalité vibratoire élevée telles que la sérénité, la paix intérieure, la joie, l'amour, la compassion, la gratitude, etc.

Tout comme les croyances, les nouvelles pensées à reprogrammer doivent être implantées dans notre subconscient. Nous devons les lui suggérer et lorsque le subconscient les fait siennes, il les matérialise, c'est-à-dire, qu'il fait arriver les opportunités. Nous appelons cet exercice de l'auto- suggestion ou de l'auto-hypnose.

Les affirmations sont donc des pensées que nous choisissons consciemment dans le but de remplacer les pensées/croyances que nous ne voulons plus. Il est vrai de dire qu'il est nécessaire d'amener à la conscience les croyances limitantes qui nuisent à notre développement. De surcroît, par le pouvoir des affirmations positives, nous pouvons aussi changer graduellement ce système de croyances devenu inadéquat et nocif.

---

5 La totalité représente la qualité de la vigilance totale dans l'instant. Cet exercice s'inspire d'une lame du *Tarot Zen* de Osho Rajneesh, Éditions du Gange, 1995. Vous trouverez l'exercice à l'annexe 1.

6 Extrait de la lame de tarot « La totalité »

Est-ce magique ? Non. Il ne suffit pas de répéter quelques fois une affirmation pour qu'elle s'implante automatiquement dans notre subconscient. Il y a des règles de base qui faciliteront le changement permanent :

- Prendre conscience des programmations négatives qui nous nuisent,
- trouver les affirmations (programmations positives) qui les remplaceront,
- énoncer ces affirmations plusieurs fois par jour, à voix haute ou en pensée lors d'une méditation,
- ressentir l'émotion associée à l'affirmation,
- avoir la certitude qu'elle se matérialisera, en associant le mot « déjà ». Le mot « déjà » conditionne le subconscient à la manière d'un fait accompli.

Par exemple,

- Je prends conscience que j'ai une programmation négative (croyance limitante) du type : « La vie est difficile »,
- je choisis de la remplacer par : « La vie m'apporte déjà les expériences et les personnes qui me font du bien »,
- je fixe des moments dans la journée où j'énoncerai cette affirmation, à ma convenance (à voix haute ou en pensée lors d'un moment de calme intérieur),
- lorsque j'énonce mon affirmation, je m'assure de bien ressentir le réconfort intérieur associé à la pensée que « j'ai autour de moi des personnes qui me font du bien »,
- je pourrais y associer la programmation suivante : « J'ai la totale confiance que l'Intelligence énergétique universelle m'apporte déjà tout ce dont j'ai besoin pour mon plus grand bien. »

Afin de vous aider à déprogrammer ces croyances qui vous limitent et engendrent de mauvais choix, je vous propose une affirmation tirée du livre audio "De l'inconscience à l'amour"[7].

Dites-la, à voix haute, aussi souvent que vous le pouvez et vous verrez un impact sur votre système de croyances.

---

[7] Amlas-Marie, *De l'inconscience à l'amour,* « Méditation : La reprogrammation du subconscient », ADA audio, 2006

Moi (dites votre nom), je suis,
dans ce pouvoir créateur.
Je commande à mon subconscient
de laisser aller maintenant
tout exposé inexact apportant la limitation
afin de maintenant choisir
et accepter uniquement l'expansion.
Qu'il en soit ainsi, il en est ainsi.

Et vous, où en êtes-vous ?

Je vous propose de commencer, dès maintenant, une réflexion qui vous permettra de vous glisser tout doucement dans votre expérience.

- Définissez, en une phrase, votre vision de la vie.

- Qu'est-ce qui est le plus difficile pour vous en ce moment ?

- De quoi est construit votre pont à traverser ?

- Identifiez une croyance qui vous aide à faire face ?

- Est-ce que vos croyances sont plutôt facilitantes ou limitantes ?

- Pensez-vous plutôt en termes de « verre à moitié plein ou à moitié vide » ?

- Quelles sont les croyances qui vous freinent ou vous immobilisent, au lieu de vous permettre d'avancer sur votre pont ?

- Trouvez une ou deux affirmations qui vous aideront à traverser votre pont.

Chapitre 1

le coeur a ses raisons
que la raison
ne connaît pas

"Tout dans la vie arrive pour une raison"

J'ai cette croyance depuis de nombreuses années et, de plus en plus, j'en constate la véracité. Au tout début, quand j'ai commencé à faire mienne cette croyance, j'essayais de me convaincre, bien plus que d'y croire vraiment. Puis, avec les années, c'est devenu une conviction inébranlable. Je ne trouve pas toujours rapidement la raison ou bien je trouve des raisons mineures, en attendant la raison majeure qui valait la peine que je m'abandonne à cette expérience.

Le besoin de trouver un sens

Dans les jours qui ont suivi l'agression, un seul mot tournoyait dans ma tête : pourquoi? Et parfois un autre mot s'ajoutait : pourquoi moi? Vous-mêmes qui lisez ces lignes et qui avez vécu des épreuves ou des traumatismes, vous connaissez ces deux mots accrochés l'un à l'autre « pourquoi moi ». Ces deux mots ont tendance à prendre beaucoup trop de place et à nous maintenir dans l'inacceptable. Il est impossible de répondre à cette question quand nous sommes dans le feu de l'épreuve. Dans tout ce que l'on vit, que ce soit intense ou non, on a besoin de trouver un sens. Dans cette agression, je n'arrivais pas à trouver, ne serait-ce qu'un semblant de sens. Tout ce qui s'était passé, du début à la fin, ne justifiait aucun sens. D'ailleurs, de tels événements, lorsqu'ils arrivent, ne peuvent pas trouver un sens qui nous réconforte: ils sont tout simplement inacceptables et entièrement blâmables. Je me suis donc raccrochée à la croyance qu'il devait bien y avoir une raison pour que cet événement arrive à ce moment précis de ma vie. Mon discours intérieur a changé à mesure que je posais des gestes de compréhension et de guérison.

L'énergie de l'Univers : une énergie organisée

Comme je l'ai mentionné antérieurement, la Vie s'occupe de nous apporter sur un plateau d'argent les événements nous offrant l'opportunité d'actualiser notre Plan de vie. Quand je nomme la Vie, je parle de l'énergie qui remplit l'Univers. Il est important ici de préciser, conformément à ce qui précède, que je vois l'être humain comme étant global, c'est-à-dire constitué d'un corps, d'un esprit et d'une âme. Pour vivre dans l'équilibre, nous avons besoin d'un corps physique en santé, d'un esprit intellectuel vif et d'une âme spirituelle éveillée. Ces trois parties de nous aspirent à être unifiées et se nourrissent de l'énergie que constitue l'Univers. Nous sommes tous constitués de la même énergie : le cosmos, les arbres, les animaux, les pierres, les humains, etc. Cette énergie commune coule dans nos veines. Certains appellent la source de cette énergie Dieu, d'autres la Source, d'autres la Lumière, d'autres Allah, etc. J'aime de plus en plus l'appeler « Intelligence énergétique universelle », parce que c'est une énergie organisée et intelligente. Rien n'est fait au hasard. Ces notions s'inspirent en grande partie de la physique quantique dont on parle de plus en plus.

Sans vouloir vous faire une leçon de physique, j'expliquerai la notion d'énergie universelle en vous disant simplement que dans la compréhension de la physique quantique, les atomes dont l'univers est constitué, sont faits d'énergie invisible. Nous, les humains, sommes une partie constituante de l'univers, par conséquent nous sommes énergie. Pour une compréhension minimale de la physique quantique, je vous cite le biologiste Bruce H. Lipton[8]:

> "... en vous concentrant sur l'entière structure de l'atome, vous ne pourriez qu'observer un vide physique. L'atome n'a pas de structure physique.
> ... les atomes sont bien faits d'énergie invisible, non de matière tangible.
> ... le fait que l'énergie et la matière soient une seule et même chose est précisément ce qu'a reconnu Einstein en formulant l'équation $E = mc^2$ ...

8Lipton, Bruce H. *La biologie des croyances*, p. 124-127

l'énergie (E) = la matière (m, masse) multipliée par la vitesse de la lumière (c) au carré.
... Einstein nous a ainsi révélé ... que l'univers est un tout indivisible et dynamique où l'énergie et la matière sont si profondément enchevêtrées qu'il est impossible de les considérer comme des éléments indépendants.
... la matière peut se définir à la fois comme un solide (particules) et un champ de forces immatérielles (ondes).
... dans la perspective quantique, l'univers est un ensemble de champs d'énergie interdépendants qui sont tissés en un canevas d'interactions".[9]

Ainsi, cette Énergie universelle m'apparaît comme une énergie organisée qui suit un certain plan pour faire arriver les synchronicités. De nombreuses fois, j'ai pu faire des liens entre certains événements qui arrivaient dans ma vie, et je pourrais vous donner des dizaines d'exemples. En voici quelques-uns :

- Mon conjoint actuel : des amis m'avaient recommandé les conseils de ce courtier d'assurance-vie, vingt ans avant qu'il ne devienne mon conjoint. Pendant toutes ces années, rien ne présageait une telle éventualité. Quand ce fut le temps, un événement s'est présenté et il devint évident dans mon esprit et dans mon cœur que le destin était au rendez-vous, comme il ne l'avait jamais été auparavant. Cela se préparait pourtant depuis longtemps.

- Le chemin de Compostelle : depuis de nombreuses années (plus ou moins dix ans), je planifiais marcher sur le Chemin de Compostelle. Quand je le mis à mon agenda annuel en 2003, je craignais de partir seule et j'ai demandé à l'Univers de me faire rencontrer une personne avec qui je marcherais sur le chemin. C'est ce qu'il fit et je suis partie en toute sécurité avec cette personne nouvellement rencontrée. Quelques jours après notre départ, il est devenu difficile de continuer ensemble et j'ai décidé, malgré mon angoisse, de marcher seule sur le chemin des pèlerins. J'ai acquis, sur ce chemin, une sécurité intérieure que je n'avais jamais sentie auparavant. Quand je veux me raccrocher à un sentiment de sécurité, je me remémore le souvenir du Chemin de Compostelle. Cette Intelligence énergétique universelle s'était bien occupée des détails.

- Mes enfants : ils sont l'heureux mélange de mon ex-conjoint et moi. Je les adore et ils sont merveilleux, les plus merveilleux au monde. Et n'en doutez pas, car c'est vrai. Leur père et moi sommes d'accord pour dire que nous avons eu là une belle mission commune. Les événements se sont mis en place pour que nous remplissions cette mission de les « démarrer » dans la vie, puis, que nous nous séparions par la suite.

---

9 En lisant Bruce Lipton j'ai eu l'impression de comprendre la physique quantique pour la première fois, malgré que j'aie déjà beaucoup lu sur ce sujet. Excellent livre que je vous conseille.

- Histoire empruntée : Une amie me faisait part, dernièrement, être allée en vacances aux États-Unis, sans avoir encore complètement compris pourquoi elle avait choisi ce lieu de vacances qui ne lui ressemblait pas. Elle avait bien eu quelques réponses mais celles-ci ne la satisfaisaient pas. Aujourd'hui, elle a la réponse qui lui montre l'impact potentiel sur sa vie professionnelle de certaines rencontres faites là-bas. Se « faire organiser » ainsi, il y a de quoi rendre jaloux les plus envieux, ne croyez-vous pas?

Je pourrais encore vous citer plusieurs autres exemples puisqu'il n'y a que des synchronicités dans nos vies même si nous n'en sommes pas conscients la plupart du temps. Arrêtez-vous quelques instants et réfléchissez bien, vous en trouverez très certainement dans votre propre vie.

Les synchronicités dans nos vies

Si nous cherchons ce terme dans le dictionnaire, il n'existe pas. Vous y trouverez plutôt le mot « synchronisme » signifiant : état de ce qui est synchrone.
Le mot synchrone signifie: se dit des mouvements qui se font dans un même sens et se dit aussi de deux ou plusieurs personnes qui agissent ensemble. Le mot synchronicité vient du langage de la métaphysique. Les synchronicités sont des situations ou des événements qui répondent à la loi de l'attraction. Beaucoup de gens les qualifient de hasards. Si vous avez lu le livre "Le Secret"[10], vous connaissez la loi d'attraction.

Cette loi met en contact des vibrations de même type. Tout ce que l'on porte en soi, tels que nos pensées, nos états d'être, nos désirs, nos besoins, nos attitudes envers soi et les autres, nos peurs, nos émotions, nos blessures, nos talents, notre potentiel, etc., tout cela crée des vibrations (un peu comme des ondes d'énergie) qui irradient autour de nous. Ces irradiations baignent dans le champ d'énergie universelle et attirent, vers la personne qui les porte, des irradiations (situations, événements, personnes) de mêmes fréquences vibratoires. Ainsi, si vous émettez des vibrations de résonance « amour », vous attirerez des expériences heureuses qui vous refléteront votre état intérieur d'amour; si vous émettez des vibrations de résonance « peur », vous attirerez des situations où vous vivrez de la peur; si vous émettez des vibrations de résonance « manque », au lieu d'attirer l'abondance dans votre vie, vous attirerez le manque. Voilà des raisons valables pour développer la conscience de ce qui nous habite afin de cesser de projeter inconsciemment des vibrations de basse fréquence et d'attirer ainsi les situations ou les personnes qui portent ces vibrations négatives.

C'est ce qui se passe quand certaines personnes croient émettre des vibrations positives alors qu'elles émettent le contraire. Elles disent ne pas comprendre pourquoi elles attirent des événements dont elles se seraient bien passées. Se peut-il que

---

10 Byrne, Rhonda, *Le secret*

l'image qu'elles s'efforcent de projeter ne corresponde pas entièrement à ce qu'elles sont vraiment, soit parce qu'elles le cachent volontairement ou bien qu'elles en sont inconscientes? Elles sont donc surprises de devoir transiger avec des « gueules de bois » alors qu'elles arborent un large sourire à longueur de journée. Ce sourire vient-il du cœur ou bien sert-il de masque pour bien paraître?

Le phénomène du miroir

Les événements ou les situations que nous attirons dans nos vies sont des miroirs de ce qui se passe à l'intérieur de nous et de ce que nous émettons ou projetons. Les situations et les personnes qui nous dérangent dans nos vies relationnelles semblent traduire en comportements, une partie ombragée et inconsciente de nous-mêmes. Dans ces situations problématiques, ce que nous percevons chez les autres est en réalité le reflet de ce que nous pensons ou de ce que nous ressentons, mais nous n'en sommes pas conscients.

La part de nous-mêmes ombragée que nous projetons sur l'autre est un mécanisme de défense utilisé par un ego anxieux ayant peur de souffrir ou refusant de reconnaître sa partie ombre.[11]

Nous attribuons aux autres des défauts qui, en réalité, nous appartiennent. Nous ne sommes pas encore prêts ou capables de les reconnaître et de les accepter, alors, nous prétendons que les autres ont tort. Les mécanismes de défense sont très utiles dans nos processus d'adaptation quotidiens à condition qu'ils soient utilisés en toute conscience et de façon temporaire. Ils nous aident à tolérer les frustrations et à maintenir un équilibre dans les situations de stress. Néanmoins, ils deviennent nuisibles ou néfastes quand ils sont mal utilisés ou sur-utilisés. Le plus difficile est d'en devenir conscient, de les reconnaître et d'en prendre la responsabilité.

Quand c'est notre côté lumière qui est reflété, c'est peut-être plus facile de reconnaître que cette qualité nous appartient. Il arrive tout de même que nous ne le reconnaissions pas, attribuant à l'autre des qualités qui, en fait, nous appartiennent aussi : celles-ci demandent simplement à être reconnues et développées. Très souvent, la peur nous empêche d'exploiter ces talents. Il suffit de reconnaître que nous possédons aussi cette force, d'admettre que nous avons peur de l'exprimer, de choisir de nous faire confiance et de l'extérioriser. Ainsi, peu à peu, nous développerons tout notre potentiel.

---

11 Définition tirée du livre *L'adaptation humaine* de Monique Tremblay: **la projection** est un mécanisme par lequel l'individu nie des pensées et des sentiments qu'il n'accepte pas en les attribuant à une autre personne. L'individu attribue aux autres des caractéristiques qu'il ne veut pas admettre pour lui-même; il critique les autres au sujet de traits qu'il possède.

Le phénomène du miroir est un phénomène plus global que celui de la projection, lequel reflète nos défauts, nos qualités, nos talents ou nos états intérieurs. Le miroir englobe aussi les situations, c'est-à-dire les événements qui se produisent; il nous donne de l'information sur notre vécu intérieur. Quand une personne ou une expérience nous contrarie, prenons l'habitude de nous demander : « Qu'est-ce qui, à l'intérieur de moi, est commun avec ce qui se manifeste à l'extérieur? »

Voici un exemple tiré de ma pratique thérapeutique. Une cliente me rapportait: "J'ai un conjoint qui ne prend pas soin de moi malgré qu'il tienne à moi: il sait ce qui me ferait plaisir et il ne se donne pas la peine de me le démontrer". Se peut-il que ce soit le reflet de son attitude envers elle-même? Elle n'est pas capable de prendre soin de ses besoins et de les affirmer. Étrangement, dans sa vie, elle a un conjoint qui ne se préoccupe pas d'elle et de son plaisir. Bien sûr, c'est à nous de nous occuper de nos besoins. Par ailleurs, dans une relation amoureuse, il est aussi normal que nous nous fassions plaisir l'un à l'autre. Il arrive souvent, « comme par hasard », que les autres soient peu attentifs à nous quand nous ne savons pas l'être envers nous-mêmes.

Donc, savoir décoder ce qui se reflète dans le miroir des événements et de nos relations est un précieux outil de connaissance de soi et d'évolution. Encore faut-il admettre que ces situations, événements ou personnes sont nos miroirs. Il est rarement facile d'accepter cela. Il n'est pas facile non plus de faire les liens qui nous permettraient de comprendre. Je dirais même que, très souvent, nous ne comprenons que bien plus tard, parfois des années après l'événement. Si nous questionnons un peu ces miroirs que sont nos relations et les événements, nous pourrons y voir:

- Des qualités et des potentiels que nous ne pensons pas posséder ou que nous refusons de nous attribuer,
- des aspects de nous que nous avons peur de montrer ou que nous ne savons pas comment manifester,
- des besoins qui demandent à être entendus,
- des indices de notre nature véritable,
- des défauts que nous n'avons pas l'humilité de reconnaître,
- des croyances qui motivent nos comportements,
- des jugements sévères que nous portons sur nous-mêmes et qui briment notre liberté,
- des signes avant-coureurs d'une possible maladie si nous continuons à nier nos besoins,
- des peurs qui nous habitent et nous freinent,
- des révélations sur ce qui demande ou est prêt à être changé en nous,

- des éclairages sur ce qui nous touche et nous importe dans la vie,
- des ancrages de nos conditionnements passés,
- des informations précieuses sur les relations qui nous conviennent ou pas,
- etc.

Ce que l'on porte en soi apparaît donc comme les maillons d'une chaîne énergétique. Cette chaîne est à la recherche de sa vibration-sœur afin d'apporter des réponses et des compréhensions. L'Intelligence énergétique universelle, qui dirige ce grand ballet énergétique, fait arriver les synchronicités en faisant se rencontrer deux personnes, se produire une opportunité d'avancement, se développer une nouvelle relation, se connaître deux âmes-sœurs, se développer une maladie, arriver un accident, etc. Chacun des événements synchronisés que nous vivons répondent à notre demande, la plupart du temps inconsciente. Voilà pourquoi nous sommes parfois si surpris!

Est-il encore nécessaire de douter? Pouvez-vous enfin croire que Tout dans la vie arrive pour une raison? Si vous fouillez bien et que vous êtes patient, vous découvrirez une raison car il y en a toujours une. Il s'agit de savoir attendre et d'être ouvert à comprendre. En vérité, avoir une telle croyance nous facilite grandement la vie. C'est un passeport direct pour l'évolution et pour l'acceptation.

En attendant de comprendre

Lorsque ces événements douloureux surviennent, rarement trouvons-nous immédiatement les raisons qui pourraient répondre à nos incessants « pourquoi moi ». Aussi faut-il trouver des moyens de calmer les émotions qui nous envahissent et de faire patienter la partie de nous en quête de sens. Car un jour, nous comprendrons, et peut-être arrêterons-nous alors de combattre, de résister et par le fait même de souffrir.

Pour le moment, il s'agit de mettre un baume sur notre douleur et de retrouver une certaine accalmie intérieure.
Voici quelques moyens utiles qui m'ont grandement aidée durant les semaines suivant l'agression.

Faire taire le mental

À la suite de l'agression, après les nombreuses heures passées à l'hôpital et au poste de police, après avoir retrouvé mon conjoint et avoir beaucoup parlé, vint le moment où je me suis retrouvée seule avec moi-même et mes pensées. Je ne sais pas si vous connaissez l'expression « la folle du logis ». C'est une expression qui qualifie l'affolement de notre esprit imaginatif quand il est laissé à lui-même, c'est le mental en débandade, c'est l'imagination qui part à la conquête du drame. Tout ce que le cerveau peut imaginer quant à « ce qui aurait pu survenir ou pourrait arriver» s'agite dans notre tête comme une vraie tornade.

Vous avez certainement expérimenté ces tornades. Par exemple :

- Vous apprenez que la compagnie pour laquelle vous travaillez va *peut-être* fermer ses portes. Voilà la folle du logis qui commence à s'agiter: "Je vais être obligé de demander de l'aide sociale; je vais perdre ma maison car je ne pourrai plus payer mon hypothèque; s'ils m'avaient écouté et qu'ils avaient révisé leurs objectifs, ce ne serait pas arrivé; mes enfants n'auront plus de quoi manger; je ne trouverai plus jamais un tel emploi aussi rémunérateur"; etc.

- Vous avez passé une cytologie gynécologique (Test Pap) et le médecin vous annonce qu'ils ont décelé des cellules *douteuses* au niveau du col utérin. Et c'est parti : "J'ai certainement un cancer du col utérin; j'ai mal à l'épaule depuis quelques semaines, ce doit être des métastases aux os; je suis si jeune et je ne connaîtrai jamais la joie d'avoir des enfants; ma mère a eu un cancer du sein, c'est normal que j'aie aussi un cancer"; etc.

- Votre meilleure amie ne vous a pas envoyé de courriel depuis deux semaines. Que de suppositions commencent alors à fuser dans votre esprit : "Qu'est-ce que je lui ai dit qui l'aurait blessée? je n'ai pas suffisamment pris soin de cette relation; elle doit être si mal à l'aise qu'elle n'ose plus m'écrire; j'ai perdu une si belle amitié; je n'aurais pas dû lui parler de mes problèmes; je ne suis pas à la hauteur d'une si belle relation, elle est si brillante et moi si ordinaire"; etc.

- À mon avis, une des premières et des plus importantes choses à faire, surtout dans les heures et les jours suivant un événement générateur de stress important, est de faire taire le mental.

Il n'y a pas beaucoup de façons d'y arriver : l'unique manière est d'arrêter les pensées qui nous amènent dans des émotions de peur, d'angoisse, de honte, de culpabilité, de colère, d'impuissance, etc. Je ne dis pas de refouler les émotions ressenties quand nous vivons des expériences souffrantes ou traumatisantes. Je dis de faire taire notre discours intérieur qui ne mène à rien d'autre que des suppositions issues de notre imagination quant à ce qui aurait pu arriver SI …

Dans mon expérience, le pire SI que je devais continuellement faire taire, parce qu'il soulevait instantanément une angoisse et une peine indescriptibles, était : "S'il avait réussi à me kidnapper et à m'entraîner dans sa camionnette, il aurait………" Quand, par distraction, mon mental me propulsait dans cette éventualité imaginée de toute pièce, je replongeais dans cette angoisse et cette peine inconsolable.

Pour faire taire le mental, il faut:

- d'abord, porter attention à notre discours intérieur,
- ensuite, arrêter immédiatement les discours nuisibles et inappropriés en émettant une autre pensée, en prononçant un mot ou en imaginant une scène heureuse,
- fixer notre attention sur une intention de calme et de sérénité intérieurs en respirant profondément et lentement et en prononçant intérieurement les mots calme sur l'inspiration et sérénité sur l'expiration,
- puis, entreprendre une action qui va nous détourner de ces pensées (lire, chantonner, parler à quelqu'un, etc.).

Il m'arrive encore, quand mon mental m'attire dans un discours intérieur générateur de peur, lors de mes marches sur les sentiers pédestres, d'avoir à le faire taire à l'aide d'un vigoureux stop prononcé à voix haute.

Respirer

La respiration est primordiale dans toutes sortes de situations. Elle est l'une des plus importantes fonctions physiologiques du corps humain. Malheureusement, avec les années, nous avons restreint notre volume respiratoire en respirant trop superficiellement ou même, en arrêtant de respirer quand les émotions nous envahissent. Nous devons réapprendre à respirer comme un bébé qui respire en soulevant son ventre. L'air que nous inspirons, lors d'une respiration profonde, alimente tous nos organes et apporte une détente à tout l'organisme, y compris le mental.

De plus, cet air que nous visualisons se diriger jusque dans nos pieds nous ramène justement les deux pieds sur terre, ce qui a pour effet de nous sortir de notre mental imaginatif et de nous enraciner. Alors, quand vous faites l'exercice de faire taire le mental, il faut absolument l'accompagner de respirations profondes. En vous concentrant sur votre respiration, vous devenez beaucoup plus calme, en maîtrise de vos émotions et recentré sur votre intention. Dans les circonstances, votre objectif est de pouvoir reprendre les guides et assagir la folle du logis. La respiration est le meilleur moyen. Essayez-le dans n'importe quelle situation de stress : c'est un succès garanti. Vous retrouverez le calme après la tempête.

Selon les bienfaits recherchés, plusieurs techniques de respiration s'appliquent.

Pour évacuer le trop plein de stress :

- Mettez-vous debout si vous le pouvez,
- écartez vos jambes à la largeur de vos épaules,
- débarrez légèrement les genoux afin que l'énergie circule librement,
- projeter légèrement le bassin vers l'arrière (en rentrant le ventre), afin que votre colonne vertébrale soit bien alignée,

- inspirez profondément, mais sans forcer, en gonflant le ventre.
- retenez 1 à 2 secondes,
- expirez par la bouche en dégonflant le ventre,
- pendant l'expiration, visualisez que l'air expiré libère votre corps de tout ce qui est nocif pour lui (inquiétudes, tracas, attentes, etc.),
- laissez la prochaine inspiration se déclencher d'elle-même.

L'idéal serait de faire au moins trois respirations de ce type plusieurs fois dans la journée. Votre état intérieur serait continuellement ré-harmonisé et les tensions évacuées.

<u>Pour contacter votre calme intérieur :</u>

Quand l'agitation et le bruit sont notre lot quotidien, il est très difficile d'avoir accès au calme intérieur et de ressentir la sérénité. Nous devons alors développer la discipline de nous arrêter pour trouver cet espace de silence en nous.

L'attention portée à la respiration ou à l'instant présent oriente la conscience vers la vie intérieure et ainsi, fait naître le calme et nourrit l'âme. Aussi longtemps que nous restons dans l'intellect, nous sommes inquiets et d'innombrables pensées s'agitent. L'inquiétude et l'agitation mentale sont le lot des pensées et des émotions. Après un événement traumatique ou lorsque nous nous sentons envahi par des émotions, nous réfugier dans un espace intérieur calme et sécurisant fait le plus grand bien. Vous pourrez le faire rapidement si vous en faites une pratique quotidienne.

Vous trouverez en annexe 2, un exercice méditatif[12] qui contribuera à faire taire le mental et vous connectera à la partie de vous la plus pure : votre âme. Cette méditation, parce qu'elle vous apprend à faire le silence et à vous arrêter, devient un outil par excellence pour faire taire le mental et retrouver la sérénité intérieure. Quand je la pratique, au bout de quelques minutes de respiration, je sens le calme intérieur prendre place en moi, le mental s'apaiser et la sérénité s'installer. Si bien que j'ai peine à quitter cet état de bien-être pour retourner dans mon quotidien.

Lorsque vous êtes envahi par des émotions totalement inappropriées (n'ayant aucun rapport avec la situation dans laquelle vous êtes) : vous devez pouvoir mettre ces émotions temporairement de côté pour demeurer efficace. Respirez profondément plusieurs fois et buvez de l'eau. Vous calmerez et diluerez ainsi vos émotions, mais en toute conscience, pour mieux les laisser monter au moment opportun. Cependant, ne l'utilisez qu'en cas d'urgence car il est très important d'extérioriser notre vécu intérieur. Il ne faut pas que « refouler ses émotions » devienne la règle.

---

12 Cet exercice est tiré du livre « Le Pouvoir de l'âme cultiver la sagesse pour mieux vivre en ce monde » p. 22-24

Exprimer pour que ça ne s'imprime pas

Conformément à ce qui précède, il est de mise d'exprimer les émotions que nous ressentons. Il y a un dicton qui dit : "Tout ce qui ne s'exprime pas s'imprime". Ce qui veut dire que si nous n'exprimons pas les émotions ressenties, nous emprisonnons ces émotions. Que ce soit par peur ou par incapacité de les exprimer, celles-ci s'impriment à l'intérieur de nous pour éventuellement s'exprimer sous forme de maladie.

Plusieurs auteurs ont écrit sur les liens existant entre psychisme et maladies organiques: Henri Laborit, Carl Simonton, Hans Selye, Françoise Dolto, le Dr. R. G. Hamer, etc. C'est donc connu et reconnu maintenant que nos maladies physiques ont un lien avec nos conflits psychiques.

Dans la médecine nouvelle de Hamer, il est cité qu'il y a *trois facteurs aggravants*[13] de la maladie quand nous vivons des stress importants ou un stress moindre, mais sur une longue période:

- Le fait de n'avoir aucune solution et aucun pouvoir sur l'environnement et l'événement incite à la défaite et enlève toute possibilité de fuir ou d'agresser. Les échecs répétés peuvent amener la même réaction.
- Le fait de subir un événement dramatique sans nous y attendre ou sans avoir pu le prévoir nous met dans un état de vulnérabilité extrême, en affectant désormais notre sentiment de sécurité.
- Le fait de vivre un stress sans pouvoir en parler et partager l'émotion qu'il suscite empêche la décharge émotionnelle et garde la tension dans le corps physique et psychique en permanence.

Quand nous n'exprimons pas ce que nous ressentons, nous avons tendance à nous isoler et à ruminer. Ruminer est naturel pour les ruminants mais pas pour les humains. Il faut donc dire, raconter, même si pour certaines personnes c'est difficile ou inhabituel de parler et d'exprimer ce qu'elles ressentent. Verbaliser l'émotion empêche le mental d'inventer des histoires d'horreur. Raconter l'histoire réelle à voix haute permet de rester dans la réalité et d'évacuer les émotions à mesure.

Lorsque j'ai passé quelques heures au poste de police, on m'a fait raconter l'agression au moins à trois reprises et de différentes façons (yeux ouverts, yeux fermés, sur vidéo, etc.). Je l'avais déjà racontée quelques fois à la maison, dans la voiture de police et à l'hôpital. J'ai trouvé très thérapeutique de raconter autant de fois. À mesure que nous racontons, nous intégrons et nous évacuons du stress. N'hésitez donc pas à raconter, à parler des stress que vous vivez, même si vous pensez que ce ne sont pas des stress si importants. Pas à n'importe qui bien sûr : à des personnes capables d'écouter et de recevoir vos émotions, en l'occurrence à vos

---

13Guinée, Dr. Robert. *Les maladies, mémoires de l'évolution,* .p.

proches. C'est primordial de parler de ce que l'on vit et de ce que l'on ressent intensément.

Il est facile pour la plupart d'entre nous de parler de tout et de rien et c'est ce qui meuble habituellement nos conversations. J'estime que nous ne parlons pas assez de nous, de ce que nous ressentons, de ce dont nous souffrons, de ce dont nous rêvons, de nos besoins, de nos perceptions afin de vérifier si elles sont justes ou non, de nos déceptions, de nos peurs, de nos projets d'avenir, etc. Nous parlons très souvent de tout sauf de ce qui nous tient réellement à cœur. Est-ce parce que nous ne sommes pas conscients de ces vécus intérieurs? Est-ce par peur d'être jugés, d'être rejetés ou d'être confrontés? Il s'agit probablement d'un fin mélange de toutes ces raisons.

"Tout ce qui ne s'exprime pas s'imprime".

Prendre soin de nous

Il se peut que vous ne trouviez pas facile, même en temps ordinaire, de prendre soin de vous. Nous n'avons pas appris, pour la plupart d'entre nous, à nous dorloter, à prendre du temps uniquement pour soi, pour notre plaisir et notre développement. Nous nous sentons facilement coupable lorsque nous le faisons. Cependant, si vous vivez une grande peine à la suite d'un événement traumatisant ou que vous traversez une période de votre vie particulièrement difficile, ou que vous êtes en état de choc parce que vous venez de recevoir un pronostic sombre, un peu de douceur vous fera le plus grand bien.

« Il suffirait de presque rien » comme le dit la chanson : un bon bain chaud avec des huiles essentielles parfumées, un bouquet de fleurs, un rendez-vous chez l'esthéticienne, une nouvelle coupe de cheveux, une soirée avec les copains, une fin de semaine à la pêche ou à la chasse, etc.

Quand j'ai souffert d'un cancer du sein, il y a maintenant onze ans, je me suis « payé la traite ». J'avais conscience que c'était là un mécanisme de compensation et je l'ai exploité amplement. Ça me faisait du bien car j'avais besoin de me sentir belle : de nouveaux vêtements jouaient ce rôle pour moi. C'est différent pour chacun et vous aurez à trouver ce qui vous fait du bien à vous. Vous savez, ces fameux mécanismes de défense et de protection que nous utilisons, la plupart du temps inconsciemment, peuvent être très utiles si nous les utilisons en toute conscience. Ils sont là pour notre survie et il s'agit de savoir les utiliser à bon escient.

Laisser les autres prendre soin de nous

Au plus fort de l'épreuve, votre réflexe sera peut-être de vous isoler et de vous replier sur vous-même. C'est le comportement d'un animal blessé qui se cache pour soigner sa blessure. Certes, ce comportement est normal et sain pour l'animal, néanmoins il n'est pas aidant pour l'humain.

Au contraire, vous gagnerez à vous relier et à vous confier à un être proche. L'une des choses les plus réconfortantes quand nous souffrons ou avons de la peine est de se sentir aimé. Il n'est même pas nécessaire que cette personne parle ou fasse quoi que ce soit : sa présence seule nous sécurise. La présence aimante d'une personne, importante à nos yeux, nous fait plus de bien que toute autre chose.   Quand nous avons le cœur brisé par l'épreuve ou quand nous sommes confrontés à un défi de taille, notre enfant intérieur refait surface très rapidement. À la manière de l'enfant qui a besoin de se tourner vers maman ou papa pour se sentir aimé et sécurisé, osons chercher la personne proche qui nous fera « béquer bobo ».

Malheureusement, certains d'entre vous devez vivre votre peine seuls, personne n'étant là pour vous réconforter. Si vous n'avez pas cette personne proche de vous, il est primordial de chercher quelqu'un qui jouera ce rôle de vous réconforter et de vous manifester de l'amour. Même si cela vous paraît difficile, et ça l'est pour la plupart d'entre nous, faites-le : demandez de l'aide. Il existe des ressources bénévoles ou professionnelles : demandez une présence qui pourra être disponible lorsque vous aurez besoin de pleurer, de dire ce qui vous chagrine le plus, ce qui est insupportable pour vous, les peurs que vous ressentez, les inquiétudes qui vous hantent, les regrets qui vous habitent, les pensées qui vous harcèlent, etc. Le plus nuisible pour la santé physique et psychique est de vivre les traumatismes ou les épreuves dans l'isolement. Malheureusement, beaucoup le vivent ainsi, uniquement parce qu'ils n'osent pas demander ou utiliser les ressources qu'ils ont autour d'eux. Vous isoler dans la peine ou la colère n'est pas une preuve de force ou de courage. Le contraire l'est : demander de l'aide quand vous en avez besoin est un signe de maturité. Par surcroît, vous rendrez service aux personnes qui vous aiment car très souvent, elles cherchent ce qu'elles peuvent faire pour vous aider et comment être là à vos côtés pour vous supporter.

Et vous, où en êtes-vous ?

- Trouvez au moins un événement dans votre vie où vous avez vu clairement la synchronicité.
- Qu'attirez-vous surtout dans votre vie ? Des sourires, du support, des encouragements, de l'amour, de la générosité ? Ou bien du rejet, de l'indifférence, de la critique, du manque, de la frustration ?
- Que voulez-vous attirer dans votre vie ?
- Comment se comporte votre mental ? A-t-il besoin que vous le fassiez taire ?
- Quand vous êtes envahi par les émotions ou que la folle du logis se manifeste, pensez-vous à mieux respirer pour retrouver votre calme?

- Réussissez-vous à parler des événements importants et difficiles que vous vivez ? Ou bien vous réfugiez-vous dans une solitude qui vous isole ?
- Comment prenez-vous soin de vous ?
- Est-ce que vous laissez les autres prendre soin de vous ? Comment?

Chapitre 2

Le mariage de l'ombre et de la lumière

"Les épreuves que nous traversons

nous font grandir"

Cette croyance résonne-t-elle « cliché » pour vous? Nous l'avons tellement entendue! Mon ex-mari et moi avons dû l'utiliser souvent car mon fils la répétait à sa jeune sœur, alors qu'il n'avait que dix ou douze ans. Il l'avait personnalisée en ces mots : "Tout ce qui ne tue pas fait grandir".

En fait, cette croyance fait référence aux dualités dans nos vies : facile/difficile, pâle/foncé, blanc/noir, positif/négatif, heureux/malheureux, croyance facilitante/croyance limitante, ami/ennemi, amour/haine, joie/peine, lumière/ombre, etc.

Nous aimons, car on nous l'a appris ainsi, catégoriser le monde en deux parties qui s'affrontent. Habituellement, nous préférons transiger avec l'une plus que l'autre. Et nous n'avons pas complètement tort : il est préférable d'être dans l'amour plutôt que dans la haine, de développer des croyances facilitantes plutôt que limitantes, d'être heureux plutôt que malheureux. Cependant, quand on parle d'énergie, on parle de positif et de négatif. Par exemple quand on utilise des piles, on a absolument besoin du négatif et du positif. En astrologie, les éléments feu, terre, air et eau sont qualifiés négatifs ou positifs. Selon la philosophie chinoise, nous sommes Yin et Yang. Nous avons besoin de ces deux pôles. Pourtant, nous avons plutôt appris à être l'un ou l'autre, à fuir l'un et à espérer l'autre, à combattre l'un et à privilégier l'autre.

En fait, ces dualités s'expriment dans nos émotions, nos sentiments, nos perceptions et nos habitudes, lesquels sont créées à partir de nos pensées et de nos croyances. Puisqu'il est souhaitable d'harmoniser en nous ces polarités plutôt que de les opposer, je vous propose donc de les traiter dorénavant comme des complémentarités et des contrastes permettant d'accéder plus totalement à la connaissance de soi. Comment apprécier la lumière si nous ne vivons jamais dans l'ombre? Connaître des moments de peine permet de goûter davantage la joie. Expérimenter la haine peut conduire à désirer ardemment l'amour. Une seule journée ensoleillée nous enchante après avoir vécu plusieurs jours sous les nuages. Notre âme a choisi d'emprunter le chemin de la dualité pour retrouver l'unité et accéder à l'amour. Les épreuves rencontrées sur ce chemin sont l'ombre qui nous fera désirer la lumière.

L'ombre et la lumière : une question de perception

Si vous développez l'habitude d'observer comment vous conciliez vos relations intimes et professionnelles, votre routine quotidienne ou encore vos projets, vous serez contraints d'admettre que, la plupart du temps, vous percevez « la chose » facile ou difficile, positive ou négative, heureuse ou malheureuse, etc. Vous constaterez probablement que votre conciliation tente d'éliminer l'un au profit de l'autre. Pour mieux comprendre comment l'ombre peut faire surgir la lumière, je vous raconte un épisode de ma vie.

Il y a quelques années, j'étais gestionnaire clinique dans une équipe de maintien à domicile. J'avais filé le parfait bonheur pendant plusieurs années avec un directeur qui me faisait entièrement confiance. Nos compétences étaient complémentaires et nous sommes devenus des complices. Un jour, il eut une promotion : un nouveau directeur est alors arrivé. Dans ma vie professionnelle, la complicité et la complémentarité sont disparues, faisant place à la dualité. Je me souviens de cette période comme étant une période ombragée de ma vie. L'ombre prenait toute la place. Je percevais à peine toute la lumière qui continuait à briller dans les autres secteurs de ma vie : amour, famille, vie sociale et même avec le reste de mon équipe. Les émotions de peine ressenties parce que je me sentais peu considérée, de colère parce que je vivais de l'impuissance à changer la situation, de dévalorisation parce que j'avais perdu confiance en moi, toutes ces émotions m'envahissaient de plus en plus.

Pour éviter un épuisement professionnel, j'ai pris un congé à traitement différé. Je n'ai pas su, à ce moment-là, utiliser l'ombre et la transformer en lumière. Je combattais la souffrance générée par le sentiment de « non considération de ma compétence ». Mon ego était blessé et humilié. L'approbation que mes parents ne m'avaient pas donnée lorsque j'étais enfant refaisait surface et me plongeait dans une grande peine. Je ne pouvais pas accepter cette situation. Je n'arrivais pas à concilier souffrance et opportunité d'évolution. Ma vie professionnelle était devenue entièrement difficile et j'étais presque continuellement malheureuse au travail.

Un an plus tard, lorsque je suis revenue de mon congé, la direction m'a proposé une autre tâche dans laquelle je me suis complètement réalisée : superviseure clinique des infirmières de l'établissement. Cette décision n'était pas étrangère au fait que, « retourner dans mon équipe de travail » n'était certainement pas souhaité par mon directeur. Je dois admettre que c'est une perception que je n'ai jamais vérifiée. Par contre, ce dont je suis certaine, c'est que l'expérience souffrante du passé a contribué à m'apporter une promotion où je me suis développée avec beaucoup de bonheur. Je ne l'ai compris qu'à ce moment-là et j'ai pu alors remercier la Vie et l'expérience.

Selon moi, les événements heureux et malheureux proviennent de la même Source que je nomme : Intelligence énergétique universelle. Nous qualifions les événements selon la perception que nous en avons au moment où nous les vivons. Entre autres, lorsque ce qui nous arrive génère des émotions désagréables et de la douleur, il devient difficile de percevoir cette expérience comme venant de cette Source. Pourtant, le percevoir ainsi facilite l'adaptation à la situation et occasionne moins de souffrance.

Comme je l'ai mentionné antérieurement, la même énergie universelle coule dans les veines de l'arbre, de l'animal, de la plante, de la roche et de mon corps. La même énergie universelle coule donc aussi dans les veines de celui ou celle qui semble jouer un rôle de bourreau avec moi. Nous sommes faits de la même énergie et lors du grand ballet énergétique, cette énergie universelle coordonne tout, de façon intelligente et pour notre plus grand bien. Elle fait se produire les synchronicités afin que notre Plan de vie s'actualise.

Lorsque j'ai vécu l'agression, il s'est passé une synchronicité étonnante. Alors que l'agresseur me poursuivait pour me rattraper, moi, croyant que mon conjoint était à l'arrière de la maison, j'ai traversé celle-ci en courant pour le rejoindre sur le terrain à l'arrière, l'agresseur à mes trousses. Eh bien, imaginez que, pendant les quelques secondes que nous avons mises à traverser la maison en courant, mon conjoint passait à côté de la maison, sur son tracteur, pour se diriger à l'avant de la maison. Quand je suis arrivée à l'arrière, mon conjoint n'y était plus : il était maintenant rendu à l'avant. Quelle synchronicité n'est-ce pas? J'ai compris très rapidement que cet événement ne le concernait en rien et que tout était coordonné pour que je le vive de la façon dont je l'ai vécu : seule avec celui qui représentait l'ombre ce jour-là.
À la lumière de ce qui précède, je peux affirmer que les épreuves que nous traversons nous font grandir. Néanmoins, j'avoue très sincèrement, que j'ai mis du temps à faire

mienne cette croyance, à toujours trouver un sens aux événements douloureux et à les accepter.

Épreuves et souffrances : potentielles sources d'évolution

Je lisais dernièrement, dans le livre "Manifester ses pouvoirs spirituels"[14], que l'homme n'est pas obligé de souffrir. Il souffre parce qu'il n'utilise pas tous ses pouvoirs et qu'il ne développe pas tout son potentiel. Il y est dit :

> " ... *Lorsqu'un être ignore ce qu'il est, qu'il n'est pas conscient de ses pouvoirs et que ses croyances l'entraînent sur des chemins douloureux, ces chemins le conduiront de toute façon vers lui-même et éventuellement, vers ses véritables pouvoirs. Il y a là un détour, un détour parsemé de douleur, mais cette douleur l'éveillera*".

Nous sommes donc des êtres de détour. Nous avons développé des croyances et adopté des comportements qui nous ont éloignés de notre essence divine. Nous préférons nous laisser guider par notre ego blessé (blessure générée par la mémoire émotionnelle des événements difficiles du passé) plutôt que d'écouter l'appel de l'âme qui veut évoluer. La plupart de ces blessures sont arrivées dans l'enfance. C'est là que la grande majorité d'entre nous avons été détournés.

Notre enfance nous a laissé très souvent des empreintes indélébiles. Plusieurs d'entre nous n'avons pas de si grands reproches à faire à nos parents : ceux-ci ont fait leur possible et nous ont transmis des croyances qui leur convenaient ou dont ils étaient inconscients. D'autres, par ailleurs, ont beaucoup de reproches à adresser à des parents qui n'ont pas su les aimer ou qui ont même été violents à leur égard. C'est le passé qui nous a façonnés et parfois très douloureusement. Toutefois, à présent, il nous appartient d'en faire ce que nous voulons : un objet de fierté, d'apprentissage, de changement, ou bien de révolte et d'apitoiement. Si nous choisissons de nous apitoyer, nous continuerons de léguer à nos enfants de fausses croyances et nous souffrirons toujours plus. À mon avis, nous avons le devoir de nous transformer et d'évoluer pour nous, bien sûr, mais aussi pour les générations présentes et futures. Nous avons le choix, devenu adulte, de tourner la page et de percevoir les événements différemment. Les changements que nous opérons et les blessures que nous guérissons, en plus de nous faire grandir, se répercutent positivement sur nos proches.

Dans ma Vision de la vie, j'émets l'opinion que nous avons choisi notre Plan de Vie. Je comprends qu'il soit difficile d'admettre que j'aie choisi des parents violents ou une adolescence gâchée par des agressions physiques ou sexuelles. Vite un sens à tout ça, s'il vous plaît!!

---

14 Maître Saint-Germain, Lessard, Pierre, *Manifester ses pouvoirs spirituels vivre en équilibre dans un monde en mutation*, Tome 1

Cependant, quelle que soit l'épreuve qui nous a fait souffrir ou nous fait encore souffrir et malgré que ce soit difficile, nous pouvons choisir de la transcender. Nous seul, ou avec l'aide de thérapeutes si nécessaire, pouvons trouver comment donner un sens à ces expériences et comment en tirer des leçons qui nous seront source d'apaisement et d'évolution.

Pour y arriver :

- **Vous avez à ressentir comment ces épreuves vous ont profondément blessé.** Peut-être ne vous êtes-vous jamais permis de contacter et de laisser votre enfant blessé s'exprimer librement. Si tel est le cas, vous avez à libérer cette colère, ou cette peine, ou cette révolte, ou cette honte, ou ce sentiment d'injustice, avant de pouvoir accéder à l'acceptation. Peut-être serez-vous seul à pouvoir le consoler et réhabiliter sa capacité d'aimer. Vous aurez alors à trouver ce qui vous réconforte le mieux.

- **Vous avez à comprendre comment ces expériences vous ont façonné et quels sont les difficultés et les manques qui y sont reliés.** Êtes-vous plus vulnérable à la critique? Avez-vous toujours besoin d'approbation de vos proches ou de votre patron? Vous sentez-vous trop facilement insécurisé? Avez-vous perdu espoir en la vie et en vos capacités de résilience? Êtes-vous dominé par des peurs irraisonnées? Vous êtes-vous fait une carapace pour ne plus souffrir? Votre colère explose-t-elle à la moindre occasion?

- **Vous avez à conscientiser les schèmes de comportement que vous répétez**, à la suite de ces événements douloureux. Vous empêchez-vous de sortir seul(e)? Êtes-vous de ceux qui préfèrent quitter plutôt que d'être quittés? Avez-vous développé un système de défense si efficace que vous êtes devenu insensible? La méfiance a-t-elle surpassé la confiance? Votre manque d'amour vous rend-il si assoiffé qu'il devient impossible à satisfaire? Entrer en relation est-il devenu une source de cauchemar?

- **Vous avez à développer une plus grande capacité de vous reconnaître, de vous pardonner et de vous aimer à travers cette expérience unique.** Reconnaître la personne en vous qui a la force de persévérer dans l'épreuve et qui se bat pour conserver une certaine confiance en un avenir meilleur. Reconnaître que ce que vous vivez ou avez vécu est difficile et demande du courage pour ne pas abandonner et baisser les bras. Vous pardonner vos doutes, vos périodes d'angoisse, vos gestes d'impatience, vos révoltes, vos manques de foi, vos tendances à vous isoler, vos imperfections, etc. Et le plus important, vous aimer tel que vous êtes, aimer l'être merveilleux que vous sous-estimez, aimer votre ombre et votre lumière, aimer la personnalité que vous avez choisi d'incarner, aimer l'âme qui vous habite.

- **Vous avez à découvrir ce que ces expériences difficiles vous ont appris.** Est-ce à devenir plus fort, plus autonome, plus aimant, plus compréhensif, plus tolérant envers vous-même et les autres, plus rebelle pour faire valoir vos besoins, plus déterminé, plus courageux, plus passionné, plus généreux, etc.?

- **Vous avez à trouver ce que cette expérience douloureuse, présente ou passée, apporte de positif dans votre vie actuelle.** Vous permet-elle des relations plus satisfaisantes? Vous a-t-elle permis de développer un talent? Contribue-t-elle à vous sentir plus utile ou plus épanoui? Vous apporte-t-elle un sentiment accru de fierté ou de confiance en vous? Vous a-t-elle ouvert à un monde de spiritualité jusque-là inconnu? A-t-elle orienté votre carrière professionnelle? Vous a-t-elle amené à vous dépasser? Vous permet-elle d'actualiser un potentiel, comme écrire un livre par exemple?

Vous devrez peut-être lutter pour ne pas vous considérer comme une victime, mais au contraire, responsabiliser la partie adulte en vous qui, maintenant, peut diriger sa vie. Prendre la direction de votre vie suppose que vous deveniez conscient des croyances qui dirigent votre vie actuellement. Sont-elles plutôt limitantes c'est-à-dire teintées de peur, de révolte, de colère ou de ressentiment? Il est normal et bénéfique de ressentir ces émotions, d'en prendre conscience et de les exprimer. Toutefois, transformer ces croyances sera le chemin qui vous conduira à votre pont.

En outre, la traversée ne sera possible que si vous consentez à apprendre de l'expérience et à accepter le chemin que vous avez pris jusqu'à maintenant. Peut-être même aurez-vous à vous pardonner d'avoir choisi un chemin si douloureux. Il vous est maintenant possible de vous raviser et de prendre un autre chemin où vous vous battrez moins. Si vous ne savez pas comment faire, acceptez alors de vous faire aider. Quand vous trouverez ce chemin, procurant plus de joie que de peine, plus de satisfaction que de regret, plus de sérénité que de colère, vous pourrez célébrer dans la joie, le mariage de l'ombre et de la lumière.

À mon sens, grandir, c'est-à-dire évoluer, signifie :

- Apprendre des différentes expériences que nous vivons,
- savoir marier l'ombre et la lumière associés à ces vécus,
- utiliser ces expériences pour nous connaître mieux et développer pleinement tout notre potentiel,
- réussir à créer notre vie dans l'amour, la joie et la sérénité, la plupart du temps,
- et de moins en moins souffrir, puisque c'est possible.
  « Facile, simple et joyeux » m'a appris Bianca Gaïa[15].

15Bianca Gaïa, *Bienvenue dans la 5ᵉ dimension la Quintessence de l'Être, Ultime Secret de l'Ascension* Diane Leblanc Les Éditions des 3 monts 2007

Et vous, où en êtes-vous?

- Avez-vous la sensation, certains jours, de grandir un peu trop ?
- Quelle est la partie la plus lumineuse de votre vie ?
- Quelle est la partie la plus ombragée de votre vie?
- Quel a été votre plus grand apprentissage à travers cette période ombragée ?
- Quel chemin choisissez-vous d'emprunter à partir de maintenant ?
- Avez-vous besoin d'aide pour y parvenir ?
- Quel sera votre premier pas ?

Chapitre 3

Dire oui
à ce qui nous arrive

"Les événements qui arrivent dans ma vie
ont été soigneusement choisis par mon âme"

Depuis le début de ce livre, j'ai souvent parlé de l'âme. Je considère important de vous redire que ma conception de l'être humain est globale. La santé physique est le reflet de notre santé mentale (nos pensées, notre manière de communiquer et de créer), de notre santé émotionnelle (notre capacité de ressentir, d'exprimer et de vivre nos émotions) et de notre santé spirituelle (notre connexion à la partie divine en nous, à notre Soi supérieur, à l'Intelligence énergétique universelle).

L'âme est donc la partie divine de l'être, présente dans tout être humain, l'essence de la personnalité, cette étincelle divine qui survit de vie en vie. Certains la nomment le « Centre » vers lequel nous pouvons nous tourner pour nous sentir en équilibre et complet, d'autres, une « Force » que nous ressentons et qui nous aide à traverser les épreuves. Tous ces mots, pour moi, décrivent l'âme. Elle est porteuse de nos acquis et de nos projets futurs en ce qui concerne notre évolution. Elle est la partie de nous qui évolue. Malgré que le mot âme relève du langage judéo-chrétien, sachez que lorsque je parle de l'âme et de la vie spirituelle, je ne parle surtout pas d'une religion quelconque mais de ce besoin, à l'intérieur de nous, de nous référer à plus grand que soi, de trouver un sens à notre vie et d'atteindre la Paix, la Sérénité, l'Amour et l'Unité avec l'Univers.

Mon âme est donc la partie de moi qui:

- aspire à plus grand,
- cherche à se dépasser afin de développer mon plein potentiel,
- ressent de la compassion pour quelqu'un qui m'a blessé,
- trouve la beauté en moi et en tout être vivant,
- veut retrouver, dans le labyrinthe de mon ego, mon unité perdue,
- ressent la fierté d'Être,
- reconnaît que JE SUIS Énergie créatrice tout comme l'Intelligence énergétique universelle.

L'un de nos défis dans cette vie est de reconnaître notre âme et de dire oui aux projets qu'elle nous concocte chaque jour et à chaque instant. Quelquefois, c'est facile et agréable, et d'autres fois, c'est douloureux. Cependant, je prétends que la douleur est due, en partie, parce que nous résistons à dire oui. C'est un choix que nous avons. Le destin existe parce que nous avons choisi d'apprendre à travers certaines expériences présélectionnées. Par ailleurs, le destin n'existe pas, parce que nous avons toujours le libre arbitre.

> Nous avons l'opportunité d'accepter ce qui se présente à nous ou de le refuser, de chercher le cadeau caché dans l'événement vécu ou de se plaindre et de fulminer.
>
> « Beaucoup préféreraient avoir un destin qui crée le chemin
> pour n'avoir jamais à en prendre la responsabilité »
>
> Auteur inconnu

Eh Oui!, nous avons à assumer la responsabilité de ce qui nous arrive car nous l'avons désiré en quelque sorte. Notre âme, parce qu'elle se rappelle des choix qu'elle a faits, nous propose ces événements et nous pouvons répondre : « Oui, je suis prêt » ou « Non, je ne suis pas prêt ... plus tard. » Ne soyons pas inquiets, ce « plus tard » va se présenter à nouveau, c'est inévitable.

Le plan préconçu de l'âme avant son incarnation[16]

Ce que je m'apprête à développer va fort probablement surprendre quelques-uns d'entre vous et même mes proches. À travers mes propos, je ne tente aucunement de vous convaincre de quoi que ce soit. Toutefois, je vous invite à vous ouvrir et, en même temps, à ne pas accepter mes propos comme une vérité absolue. L'hypothèse que je vous soumets vise uniquement à démontrer ce qui fut aidant pour moi, car il se peut que ce le soit pour vous aussi. « Et si c'était vrai? » pourriez-vous commencer par vous dire, dans un esprit d'ouverture et de réceptivité. « Pourquoi aurais-je planifié cela? » pourrait être la deuxième question. En vous questionnant ainsi, vous vous disposez à recevoir des réponses et à trouver un sens que vous n'avez peut-être pas encore trouvé.

Comme je vous le disais précédemment, avec le temps, mes différentes lectures ésotériques et à la suite de cette expérience inusitée et douloureuse, je suis devenue de plus en plus consciente et convaincue que la plupart des événements de notre vie ont été planifiés par notre âme avant notre naissance. Ce concept est cohérent avec ma croyance en des vies antérieures, en l'âme qui survit à la vie physique et en une progression spirituelle de vie en vie.

Les âmes, après la mort physique, avec l'aide de leurs guides spirituels et de leur Famille d'Âmes, programment leur nouvelle incarnation. Lors de cette

16 Pour une compréhension plus approfondie, je vous recommande le merveilleux livre *« Âmes courageuses Programmons-nous les défis de notre vie avant notre naissance? »* de Robert Schwartz

programmation, l'âme choisit les apprentissages à réaliser et discute des leçons qu'elle veut tirer de cette future incarnation. Elle élabore son Plan de vie. Il est difficile pour nous, humains, d'imaginer ces conversations, car tout cela se passe sur le plan énergétique et non physique. Néanmoins, comme je l'ai mentionné antérieurement, l'âme étant une étincelle divine, ces êtres spirituels vibrent à des fréquences beaucoup plus élevées que les nôtres. C'est pourquoi, il est permis de croire que la communication se fait avec beaucoup plus de fluidité. Pendant ces séances de planification, l'âme s'entoure des âmes qui feront partie de son Plan. Toutes les âmes impliquées le font en toute liberté et connaissance de cause. Elles peuvent accepter ou refuser. Quand elles acceptent de faire partie de ce Plan, elles répondent à l'invitation avec générosité et amour, quel que soit le rôle qui leur est demandé de jouer.

Vous est-il arrivé de rencontrer une personne en ayant l'impression de la connaître, alors qu'il n'en est rien? Il est vrai de croire que nous avons peut-être rencontré ces personnes dans une vie antérieure. Cependant, il se peut que ce soit plutôt lors de ces séances de planification. Pendant ces séances, il semble que les âmes se revêtent de leur apparence physique et utilisent leurs noms humains, afin de pouvoir se reconnaître quand elles seront incarnées.

Tout cela vous semble-t-il farfelu? Quant à moi, la lecture du livre dont je m'inspire « Âmes courageuses » a été une révélation. Il a confirmé tout ce que je pressentais et prétendais depuis le début de l'écriture de ce livre.

L'appel de mon âme et les âmes collaboratrices

En résumé, plusieurs des personnes que nous côtoyons sont dans notre vie pour nous permettre d'actualiser notre contrat d'incarnation, c'est-à-dire notre Plan de vie. Cela fait également partie de leur Plan et, si nous devenons réceptifs aux synchronicités, leur collaboration et notre libre arbitre s'uniront pour réaliser notre Plan commun. Parce que nous avons oublié cette planification, dans la vie actuelle, il est rare que nous nous reconnaissions comme des partenaires de contrat, particulièrement quand les détails du plan ne nous conviennent pas et qu'ils nous portent plutôt préjudice.

Pourtant, ces âmes sont bien des partenaires puisque dans l'Au-delà, elles ont planifié ces expériences avec nous et elles ont accepté de collaborer à notre Plan en jouant leur rôle par amour pour nous. Malgré que ce soit peut-être extrêmement difficile d'adhérer à ces propos, d'un autre côté, n'est-ce pas infiniment apaisant et porteur de sens? Ces personnes, parce que mon âme leur a demandé, collaborent à l'évolution de mon âme: voilà pourquoi je les appelle des âmes collaboratrices.

En effet, pour qu'elles acceptent de jouer sur la scène de ma vie, il a fallu que mon âme le leur demande lors de cette séance de planification. J'ose aller encore plus loin en prétendant que, pour que la planification s'actualise, mon âme dans ma vie actuelle doit interpeller cette âme collaboratrice. Tout cela se passe de façon inconsciente bien sûr.

Comprenez-moi bien : personne, et j'en suis, n'attire à soi volontairement et consciemment un événement qu'il sait douloureux et potentiellement mortel. Ceci se joue au niveau de l'inconscient et en réponse à un désir profond de l'âme d'évoluer à travers cette expérience et d'actualiser son plan de vie. C'est une hypothèse que je vous soumets bien simplement.

Laissez-moi maintenant vous raconter des impressions étranges vécues lors de l'agression. À la lumière de ce qui précède et de mes dernières lectures, j'ai pu mieux me rappeler certains détails de mon expérience. Presqu'un an après l'agression, j'ai eu un flash de ce qui s'est passé avant l'agression. J'habite une rue très fréquentée où des autos circulent continuellement. Quand je jardine sur mon terrain, je ne regarde pas les autos passer; en fait, je ne les vois plus et ne les entends plus. Ce jour-là, je me souviens maintenant très bien avoir levé les yeux et jeté un coup d'œil à une camionnette beige qui circulait lentement devant chez-moi. À l'occasion de ce coup d'oeil, il s'est passé quelque chose à l'intérieur de moi que je ne peux pas définir car il relève du domaine du ressenti. À ce jour, je suis toujours incapable de qualifier ce ressenti, et quand j'y pense, je le visualise et le ressens encore.

Trente ou quarante-cinq minutes après avoir levé les yeux vers cette camionnette, elle entrait dans ma cour, conduite par un homme qui m'avait observée de la cour d'un voisin. Qu'est-ce qui a pu se passer lors de ce regard qui ne s'adressait pourtant pas à la personne au volant, puisque je ne l'ai pas vue à ce moment-là? Il n'y a qu'une seule réponse plausible pour moi : mon âme a lancé un appel à son âme pour accomplir notre Plan. Son âme aurait accepté de jouer ce rôle ingrat tel que planifié avant l'incarnation. C'est pourquoi je l'appelle une âme collaboratrice. Je vous répète que tout cela se vit au niveau inconscient.

Je vous fais part d'une autre impression étrange. Le principal détail dont je me souviens très précisément de cet homme est la particularité de ses yeux et de son regard. Ce détail m'a marquée lors de la seule minute où nous nous sommes vus face à face. Après, je n'ai jamais revu son visage. Ce regard est gravé dans ma mémoire et je peux le retrouver très facilement. Souvenez-vous de mes propos : lors des séances de planification, afin que nous puissions nous reconnaître, les âmes prennent leur apparence physique. Se pourrait-il que ce détail m'ait frappé parce que j'ai reconnu ce regard? Je deviens émue simplement à y penser.

Au moment où j'écris ces pages, un séisme d'une ampleur incroyable a presque complètement anéanti le pays d'Haïti. Il y aurait des raisons de s'indigner, car ce peuple souffre beaucoup depuis des décennies et même des siècles. Pourtant, je ne peux m'empêcher de croire, et j'ai entendu des Haïtiens le dire, que cette dure épreuve, très coûteuse en vies humaines, peut générer la renaissance de ce peuple. Finalement, quand nous pensons à toutes les tragédies qui se produisent, comment pourrait-il en être autrement? Pourquoi toutes ces catastrophes naturelles et ces événements violents arriveraient-ils sans raison? Qu'est-ce qui fait que certaines victimes reconnaissent qu'ils jouissent d'une meilleure vie après un accident grave ou après avoir failli mourir? Comment comprendre que certaines personnes vivent de façon plus intense et plus heureuse après avoir traversé des épreuves inimaginables? Plusieurs histoires de faits vécus en témoignent. Il se peut donc que du négatif génère du positif, que de l'ombre surgisse la lumière.

Je suis consciente à quel point ce que je viens d'énoncer dans les pages précédentes peut possiblement choquer certains d'entre vous. Je ne cautionne aucunement ces gestes fous et odieux posés par des personnes sans morale. Cela semble paradoxal et je ne vous demande pas d'adhérer aux hypothèses que je vous propose. Je vous demande simplement d'ouvrir votre coeur pour explorer un autre point de vue qui pourrait éventuellement vous aider à mieux vivre certains événements de votre vie. Cette croyance en des âmes collaboratrices ne m'a pas empêchée de souffrir de cette agression et d'en porter encore aujourd'hui des marques psychiques.

Par ailleurs, cette croyance « Les événements qui arrivent dans ma vie ont été soigneusement choisis par mon âme » m'a permis de retrouver une sérénité intérieure et de ne garder en moi aucune haine pour cet homme. En fait, ça m'a permis de lui pardonner, car elle a créé une ouverture du cœur vers l'amour compassion.

Je vous invite fortement à relire ce dernier paragraphe, si nécessaire, car je souhaite être bien comprise.

Les étapes du deuil, durant et après l'événement

Chaque grande épreuve de la vie implique un deuil. Beaucoup d'entre vous ont déjà lu sur les étapes du deuil selon Élisabeth Kübler-Ross : l'état de choc/déni, la colère, le marchandage/culpabilité, la tristesse puis l'acceptation. Quand nous vivons une épreuve quelle qu'elle soit, une peine d'amour, une perte d'emploi, un diagnostic de maladie chronique pour soi ou un de nos proches, la perte d'un être cher, une incapacité permanente, etc., nous avons à traverser toutes ces étapes, le but ultime étant d'arriver à dire oui c'est-à-dire accepter l'épreuve. À partir du moment où nous acceptons, la souffrance diminue.

Ces étapes ne se vivent pas toutes de la même façon et dans le même ordre, selon les personnes et les événements. Lors de l'agression, j'ai vécu ces étapes dans le désordre pendant et après l'événement. Pour l'instant, je vous parle des étapes vécues durant l'événement.

- **L'état de choc** est toujours le premier à être vécu car c'est une surprise totale. Je me rappelle très bien avoir voulu nié ce qui se passait et m'être dit dans ma tête, pendant que je me débattais avec l'agresseur : "Moi, ici, dans ma cour, je suis en train de me faire agresser!!!! C'est incroyable!! Je dois rêver, ce n'est pas possible que ça m'arrive à moi!!!!". Je me sentais entre deux mondes : le cauchemar et la réalité.

- La réalité devenait de plus en plus réelle et pénible à vivre, à mesure que je prenais conscience que j'étais seule et que je devais le vaincre avec mes seules ressources. J'appelais mon conjoint, mais celui-ci, n'étant plus à l'arrière, ne pouvait pas m'entendre : je me suis sentie alors terriblement seule et triste. **La deuxième étape fut donc la tristesse** qui ne dura pas longtemps car je devais combattre et sortir de l'ombre. Je me suis appliquée à le faire à ma façon, c'est-à-dire en douceur.

N'étant pas très « bourreau »[17], je n'ai jamais pensé utiliser ce mécanisme pour tenter de blesser l'agresseur. Je ne faisais que me défendre et résister. Je n'étais donc pas prête pour la colère. Vous verrez qu'elle viendra plus tard, après l'événement, ce qui confirme que les étapes peuvent se vivre dans n'importe quel ordre. L'important est de les vivre toutes. Donc, après plusieurs minutes où je me suis défendue du mieux que je pouvais, mon âme, ayant planifié cette expérience, m'a donné les ressources dont j'avais besoin. Étrangement, je me souviens avoir dit oui à l'intérieur de moi : ce n'était pas ma tête car je n'aurais jamais pu accepter de vivre une agression physique : c'est inacceptable en soi.

---

17 En référence aux différents mécanismes de domination que nous utilisons dans nos relations, tels le bourreau, la victime, le sauveur et l'indifférent.

C'est mon âme qui a pris le relais, sachant que c'était mieux ainsi et que j'étais prête à « dénouer un nœud » dans ma vie. Elle m'a alors inspiré les mots que je devais dire. Ces mots, je ne le savais pas à l'instant où je les ai prononcés, allaient s'avérer magiques, car l'agresseur, en les entendant, a relâché l'étreinte. Il m'a alors dit "Pourquoi m'as-tu fait mal"? Puis il a emprunté le même chemin par lequel il m'avait poursuivie. Ces mots dits par l'agresseur, les seuls qu'il ait dits pendant toute l'agression, et que je n'avais jamais compris jusqu'à maintenant, viennent tout juste de prendre un sens, là maintenant devant vous, pendant que je vous les écris. J'en suis profondément touchée. La magie thérapeutique de l'écriture!

Là, je sens votre curiosité vous titiller: "Les mots inspirés que toi tu as dit et qui ont gelé l'agresseur, pouvons-nous les savoir"? Mais oui, vous pouvez! Les voici : "OK. On va aller faire ça sur le gazon". Des mots si banals et avec une telle portée! Vous comprendrez que j'admets volontiers qu'ils m'ont été inspirés et que je n'étais pas seule à vivre l'expérience : ma Famille d'Âmes[18] m'accompagnait, me supportait et m'inspirait.

- Cette phrase "OK, on va aller faire ça sur le gazon" faisait suite à mon acceptation et servait aussi à négocier une façon plus acceptable pour moi de faire la chose : j'étais à **l'étape du marchandage**. Plutôt que de me faire agresser dans la cave où il essayait de m'amener, je négociais le gazon où nous demeurions visibles. J'ai donc vécu le marchandage après l'acceptation. Et je n'ai pas marchandé l'événement à vivre mais la manière de le vivre. Tout est possible comme vous pouvez le constater.

- Je n'ai toujours pas vécu la colère à ce stade-ci. Même si je ne suis pas colérique de nature, c'est une étape importante à vivre et elle se doit d'être vécue. Mon corps a su trouver comment évacuer la colère que je ne sentais pas mais qui était là. Quand j'ai vu que l'agresseur avait renoncé et qu'il était reparti, je me suis alors dirigée, en titubant comme si j'étais sous l'effet de l'alcool, vers l'avant de la maison pour y retrouver mon conjoint. Là, me sentant à nouveau en sécurité, spontanément, deux cris sauvages ont émergé de mon ventre. C'étaient **les cris de la colère** qui faisaient leur chemin jusqu'à l'extérieur de moi pour évacuer le NON au geste inacceptable qui avait été posé. Même si je ne me sentais pas en colère à ce moment précis, mon corps vivait la colère à sa façon. Quand nous nous mettons en colère, c'est une manière pour nous de refuser ce que nous vivons ou ce qu'on nous fait vivre. Nous nous opposons par la colère. Je m'opposais, par ces cris, à la souffrance que cet événement générait dans mon corps global. Je n'avais pas conscience à ce moment-là que le choix de mon âme avait contribué à guérir une blessure en moi. C'est bien plus tard que j'ai compris. J'étais dans la blessure

---

18 Pour en connaître davantage sur votre Famille d'Âmes : vous pouvez lire le livre "Bienvenue dans la 5ᵉ dimension" de Bianca Gaïa ou aller sur son site "biancagaïa.com"

du moment présent, car on s'entend que les épreuves, quand elles nous arrivent, font mal et mettent du temps avant de prendre un sens. Nous avons besoin de ce temps pour comprendre et guérir la blessure.

Je vous ai fait part de ma façon personnelle de vivre les étapes de l'acceptation[19] pendant cette agression. Chacun de vous avez probablement déjà vécu ces étapes ou êtes en train de les vivre dans l'expérience qui est la vôtre. Ce qui est important, c'est d'être attentif à ce qui émerge en vous et de vous permettre de vivre chacune des étapes à votre façon et à votre rythme.

On ne peut pas forcer le temps pour vivre une expérience et il n'est pas souhaitable de vouloir la vivre à la façon d'un autre. Il n'y a pas de bonne ou de mauvaise façon : il y a la sagesse personnelle de chacun, dictée par la petite voix intérieure venant du cœur. Cette voix, lorsque vous êtes à son écoute, vous rend disponible aux synchronicités susceptibles de vous aider à comprendre et à accepter. De plus, souvenez-vous que vous n'êtes pas seul et faites confiance à votre Famille d'Âmes. Même si je ne l'avais pas appelée, car je ne connaissais pas ce concept au moment de l'événement, elle était là. Elle est toujours là et elle se manifeste encore davantage quand nous faisons appel à elle. Si vous n'avez pas encore visionné le magnifique film "August Rush", je vous le recommande. À la toute fin du film, August dit : "La musique est tout autour, il suffit d'y goûter".

Il en est de même de notre Famille d'Âmes, elle est tout autour, il suffit de l'appeler.

La colère : une émotion nécessaire dont il faut savoir se libérer

La colère est une étape très importante des étapes du deuil. Aussi, je vais y consacrer quelques pages afin de réhabiliter cette émotion qui a souvent mauvaise presse. La colère est l'expression brutale et subite d'émotions désagréables, émotions ayant souvent été refoulées durant une période plus ou moins longue. Comme toutes les émotions désagréables, elle se manifeste quand nous sommes insatisfaits ou frustrés. Les émotions désagréables ont pour but de nous indiquer qu'un besoin important n'a pas été respecté, qu'un désir n'a pas été comblé ou qu'une de nos attentes reste sans réponse. Dans la tristesse ou la peine, nous ressentons directement l'émotion, tandis que dans la colère, celle-ci se manifeste, plus ou moins violemment, à l'égard d'une personne, d'une chose ou d'un événement ayant causé la frustration. En thérapie en régression, nous parlons de la triple émotion .Si nous utilisons l'analogie de l'arbre ou de la fleur, le plus apparent et visible sont les branches ou la fleur; ensuite, le tronc ou la tige; puis, cachées : les racines. Il en est de même pour les émotions, la colère est souvent l'émotion la plus douloureuse et celle qui prend le plus de place comme

---

19 Bianca Gaïa dans son livre "Bienvenue dans la 5e dimension" appelle les étapes du deuil : les étapes de l'acceptation

les branches de l'arbre. Sous la colère, il y a une émotion moins intense (le tronc ou la tige), la peur de mourir par exemple, qui déclenche la colère. Puis, il y a l'émotion racine, celle qui déclenche la peur de mourir et la colère, l'impuissance par exemple. Cette émotion racine est très subtile et il faut être très perspicace pour la dépister. Toutefois, ces émotions devront être mises à jour pour guérir la colère.

Cette émotion de colère est foncièrement saine car elle me parle de mon besoin et de ce qui manque à mon bonheur. Elle me donne de l'information importante. Je dois donc la considérer comme une amie qui me veut du bien. Néanmoins, elle devient malsaine quand, sous le coup de la colère, j'agis trop impulsivement, sans prendre le temps de comprendre ce qui déclenche cette colère. Elle peut alors se déverser sur quelqu'un qui ne le mérite pas, d'où l'expression « se tromper de colère ». La colère mérite que nous l'écoutions et que nous la ressentions complètement. Elle fait partie des mécanismes d'adaptation que nous adoptons quand nous avons besoin de nous protéger ou de nous défendre contre un agresseur réel ou présumé. Elle apporte l'énergie nécessaire pour réagir contre l'agression ou pour faire valoir nos besoins et nos droits. Prendre le temps de bien vivre notre colère, avant de s'en prendre à qui ou quoi que ce soit, permet d'identifier l'émotion réelle ressentie.

Est-ce un manque de respect, ou une non considération de ma valeur, ou de l'injustice, ou de la jalousie, ou de l'humiliation, ou de l'impatience, ou de la susceptibilité, ou un sentiment de rejet, ou de la peur, ou une immense peine, etc.? La colère se présente souvent sous de fausses identités. Afin de bien identifier les raisons de notre colère, il est utile de nous poser les questions suivantes :

- Qu'est-ce qui me blesse le plus dans cet événement?
- Contre qui suis-je vraiment en colère? Quelqu'un ou quelque chose d'extérieur à moi ou contre moi-même?

La colère est souvent dirigée contre soi : nous nous en voulons de réagir comme nous réagissons ou de n'avoir pas obtenu ce que nous désirions. Retourner la colère contre soi n'est certainement pas bon, cependant, il est aussi vrai de dire et de penser que nous sommes les seuls responsables de ce qui se passe dans notre vie. Prendre la responsabilité de ce que nous vivons plutôt que de l'attribuer aux autres et aux événements permet que notre colère soit productive et génératrice de satisfactions futures. Le fait de comprendre d'où vient notre frustration nous inspire les bons moyens à prendre pour satisfaire nos besoins, nos désirs ou nos rêves. Nous seuls en sommes responsables.

Quels peuvent être les différents motifs de se mettre en colère?

- Avoir une personnalité plutôt susceptible et hypersensible, ce qui témoigne d'un ego qui se blesse facilement ou qui se sous-estime. Ces types de personnalité explosent facilement car leur perception de la réalité est souvent faussée par la peur ou le sentiment d'être critiqué.

- Souffrir de jalousie, c'est-à-dire, craindre de n'être pas reconnu à sa juste valeur, ou d'être abandonné, ou d'être rejeté, ou avoir le sentiment d'être moins que les autres, ou se sentir déprécié. La jalousie est fortement reliée au manque d'estime de soi. Il est alors facile de se sentir dévalorisé et d'en reporter la cause sur la personne en face de soi.

- Éprouver de l'intolérance face à ce qui est différent de soi. Accepter que l'autre pense et agisse différemment de soi n'est pas toujours facile car nous aimons avoir raison et convaincre l'autre qu'il a tort. La colère prend alors le visage de l'intolérance ou de l'impatience.

- Ressentir un sentiment d'impuissance à changer l'événement qui se produit. Il arrive assez souvent que des événements désagréables se produisent et que nous n'ayons pas le choix de les vivre. Nous les subissons bien malgré nous, et le sentiment d'impuissance en résultant peut facilement se transformer en colère.

- Se sentir victime d'une personne ou d'un événement. Nous sommes parfois confrontés à quelqu'un ou quelque chose qui semble ou est réellement plus fort que nous. Nous perdons alors notre pouvoir d'agir ou de choisir. La perception d'être manipulé et/ou dominé, de même que celle de perdre son intégrité provoquent une colère tout à fait justifiée. De plus, l'énergie qu'elle nous donne peut avoir pour effet de nous protéger d'un danger réel ou potentiel.

- Vouloir retrouver le contrôle d'une situation qui nous échappe. Il arrive, dans certaines situations, que ce que nous avions prévu ne se réalise pas comme nous l'avions planifié. Nous perdons alors le contrôle et notre ego n'aime pas du tout ces situations. Cela peut rapidement le mettre en colère. Il croit ainsi reprendre le contrôle de la situation alors qu'en fait, il ne fait que manifester un grand désarroi.

- Tenter de manipuler une personne ou une situation, consciemment ou inconsciemment. Plusieurs personnes manipulent les autres par besoin de se sécuriser, ou de se rassurer, ou par manque d'estime de soi. La piètre estime qu'ils ont d'eux-mêmes fait qu'ils doivent déployer des manœuvres acrobatiques sur le plan des relations et des communications. C'est en s'imposant par la colère qu'ils croient obtenir ce qu'ils désirent.

- Avoir la perception de perdre son territoire ou d'être envahi par quelqu'un d'autre sur un territoire qu'on avait l'ambition de contrôler. Il s'agit ici d'une volonté d'être reconnu ou d'être vu comme le meilleur. La peur de perdre quelque chose ou sa place auprès de quelqu'un démontre la fragilité de la personnalité. Un faible sentiment de sa valeur personnelle amplifie souvent le désir de posséder ou de contrôler. La colère qui résulte de la peur de perdre démontre alors le besoin de se sentir important et de faire reconnaître sa valeur.

- Vouloir punir ou faire expier pour ce dont on a souffert, plutôt que d'exprimer franchement sa peine ou son sentiment d'avoir été blessé. La colère s'exprime ici en désir de vengeance, en ressentiment et en amertume pour la souffrance que l'on vit. Elle témoigne d'une volonté de se maintenir dans une position de victime.

Les motifs de se mettre en colère sont nombreux. Certains sont louables alors que d'autres sont condamnables.

<u>Voyons pour l'instant quels sont les bienfaits d'une saine colère :</u>

- Elle libère une tension et c'est très libérateur tout comme les rires et les pleurs.

- Elle nous donne de l'information précieuse sur nos besoins non respectés, nos peurs ou nos manques ressentis, nos désirs inassouvis et nos rêves mis de côté.

- Elle peut nous éclairer sur notre blessure fondamentale. Nous réagissons souvent avec colère quand la situation nous rappelle un événement passé qui nous a profondément blessé. Il s'agit alors de devenir conscient que la blessure vient d'un passé qui n'a pas encore été guéri.

- Elle témoigne de notre connexion à notre corps et à nos émotions. Beaucoup de personnes se sont coupées de leurs émotions pour ne plus souffrir, devenant indifférentes et froides. La colère peut devenir l'émotion qui nous reconnectera à notre ressenti, si nous prenons la peine de bien la comprendre.

- Elle peut même nous protéger contre une partie de nous-mêmes prête à tolérer et à accepter l'intolérable afin de se sentir aimée. La colère devient alors une énergie nécessaire pour faire respecter notre intégrité.

- Elle atteste d'un système de protection et de défense bien présent et fonctionnel.

- Elle envoie un message très clair de refus du geste posé, ou des paroles prononcées, ou de la souffrance générée, ou de la tournure des événements, etc.

<u>Comment se libérer de sa colère?</u>

Quand les motifs de notre colère sont injustifiés ou que celle-ci dure depuis trop longtemps, il devient évident que la colère nécessite d'être libérée. Nous ne pouvons pas, à la fois rester dans la colère et trouver la paix et la joie intérieures. Il faudra dégager la colère pour qu'émerge la sérénité.

Pour vous libérer de votre colère:

- En un premier temps, permettez à votre colère de s'exprimer librement, tout en ayant le souci de ne faire de tort à personne.

- Questionnez ce qui est commun entre ce que vous ressentez à l'intérieur et l'événement qui se passe à l'extérieur. Les événements extérieurs sont souvent des miroirs de ce que nous vivons à l'intérieur.
- Remerciez-la pour ce qu'elle vous apprend de vous (besoins, désirs, rêves, etc.).
- Choisissez de la laisser aller afin de faire une place à l'émotion réelle qui vous fait tant souffrir. Il nous est parfois plus facile d'être en colère que de ressentir la peine, ou l'injustice, ou le rejet, etc.
- Reconnaissez et ressentez les émotions véritables derrière votre colère.
- Acceptez, s'il y a lieu, de transformer la partie « victime » en partie « responsable ».
- Assumez la responsabilité des impacts de vos choix et de vos actions.
- Acceptez cette partie de vous qui constitue votre personnalité. Il se peut que ce soit un trait de personnalité que vous ayez choisi d'incarner afin d'apprendre le contraire : la douceur, la patience ou la tolérance, etc. C'est par les contraires que nous arrivons à développer les qualités que nous sommes venus expérimenter sur terre.
- Exprimez vos émotions aux personnes que vous jugez responsables de votre frustration, en utilisant le « je » plutôt que le « tu » afin d'éviter les accusations qui, habituellement, génèrent des escalades.
- Affirmez clairement et fermement vos besoins et vos opinions. Beaucoup de nos colères proviennent d'une perception de n'être pas compris alors que nous n'avons tout simplement pas osé exprimer clairement nos besoins.

Si l'épreuve que vous vivez actuellement génère encore de la colère, ne vous jugez pas trop sévèrement et demandez-vous : « Qu'est-ce qui est le plus difficile pour moi actuellement? » La réponse à cette question vous amènera vers votre souffrance. Sachant de quoi réellement vous souffrez, vous trouverez comment y remédier.

Certains d'entre vous croient peut-être que les événements douloureux que nous vivons sont le fruit d'un karma négatif, ou que nous le méritons parce que nous avons posé des gestes répréhensibles dans le passé. Cette notion de karma est très répandue. Elle suppose que l'on doit « payer » pour des gestes passés qui auraient causé du tort et que l'on doit vivre soi-même ce que l'on a fait subir aux autres. Je ne crois plus aux punitions de Dieu ou de la Vie. Je préfère croire que les difficultés ou les épreuves rencontrées dans la vie présente sont plutôt un moyen d'équilibrer les différentes expériences reliées aux vies antérieures.

Prenons un exemple : si dans une vie passée, j'ai été malade et que mon conjoint ou mon enfant a pris soin de moi avec amour, générosité et dévouement, il se peut que dans cette vie-ci, ce soit maintenant à mon tour de lui rendre la pareille. Nos âmes se retrouvent donc dans les personnalités d'un aidant et d'un aidé. Un enfant ou un conjoint exige de moi une attention constante et une disponibilité de tous les instants.

Je peux trouver cette tâche très ou trop exigeante et avoir le goût de m'en départir. Cependant, si je réussis à percevoir cette situation comme un retour du balancier et non comme une punition ou un karma négatif, je trouverai les qualités intérieures d'amour, de don de soi et d'acceptation nécessaires. Cette perception n'empêche nullement que je doive prendre soin de mes besoins de repos et d'accomplissement. Je dois trouver comment concilier mon Plan de vie et la réalisation de mon potentiel, afin que je puisse vivre ce service dans la joie et la sérénité. En sachant que le choix a été fait dans le but précis de développer certaines qualités, je peux vivre cette épreuve, s'il en est, comme un moyen de progresser.

Le pardon, comment est-ce possible?

Vous avez certainement une opinion ou des questionnements sur le pardon tels que : faut-il arriver à pardonner, est-ce nécessaire de pardonner, est-il bon de recommander à une victime de pardonner, comment peut-on réussir à pardonner? Ce sont là des questions pour lesquelles je n'ai pas de réponse idéale. Vous aurez à vous faire votre propre opinion. Moi, j'ai senti le besoin de pardonner et à mesure que j'avançais dans l'émergence et l'expression de mes croyances, je ne pouvais faire autrement. Je me réconfortais de plus en plus par le biais de mes croyances et elles prenaient de plus en plus sens. Aussi devenait-il nécessaire pour moi de réussir à pardonner.

Selon le dictionnaire Larousse, le mot pardonner signifie : renoncer à punir une faute, à se venger d'une offense. Selon Wikipédia, le pardon est la rémission d'une faute. Rémission veut dire être indulgent, être porté à excuser. Je préfère la définition du Larousse « renoncer à punir et à se venger » à celle de Wikipédia amenant la notion d'excuse.

Pour ma part, pardonner c'est ne pas m'accrocher à la souffrance reliée au geste dont je suis la victime, c'est renoncer à rendre l'autre seul responsable de ma souffrance et cesser de lui en vouloir pour la douleur que j'ai vécue ou que je vis encore.

En d'autres mots, cela veut dire abandonner la victimisation, me responsabiliser dans la perception des événements douloureux que je vis et cesser d'entretenir des émotions négatives me maintenant dans le ressentiment et un désir de vengeance. Le pardon devient possible et plus facile lorsque nous adhérons à la notion développée plus haut prétendant que nous avons planifié notre Plan de vie avant l'incarnation, de concert avec toutes les âmes impliquées.

En fait, qu'est-ce qui fait que nous avons tant de difficultés à pardonner?

Les émotions associées à la difficulté de pardonner

Différentes émotions liées à la colère sont vécues lors d'un événement traumatique. Il peut être normal, surtout si l'événement a été très traumatisant, de ressentir un désir de vengeance, du ressentiment, de la rancune et de l'amertume. Plus nous avons été blessés, plus nous avons souffert de cet événement, plus il est difficile de croire que nous pourrons pardonner un jour. Cependant, ces émotions, quoique normales, font bien plus mal à la personne qui les ressent qu'à la personne ayant causé le tort. Ressentir ces émotions nous maintient dans un état intérieur de colère, de rage, de haine, d'angoisse, d'agitation, de frustration, etc. Ce type d'émotions peut nous conduire au découragement, à un sentiment d'impuissance et de désespoir. La tension musculaire reliée à ces états intérieurs cause un état de stress permanent. Lorsque nous vivons un tel état de stress, nous devenons vulnérables à la maladie.

Dans la tradition hawaïenne, on croyait que les maladies étaient causées par le surmenage, les sentiments de culpabilité, les accusations réciproques et le manque de pardon[20]. Tant que nous n'avons pas pardonné, il est impossible de voir les opportunités générées par l'épreuve. En nous maintenant dans des émotions de basse fréquence, nous demeurons dans l'ombre et la souffrance. Quand nous choisissons de prendre la responsabilité du Plan de vie choisi, les opportunités peuvent enfin se dévoiler à notre esprit.

À la lumière de ce qui précède, ne sentez-vous pas qu'il vous serait bon de pardonner? Malgré qu'il soit bénéfique de réussir à pardonner, sachez que le pardon ne se force pas. Il doit venir naturellement quand vous aurez traversé toutes les étapes de l'acceptation, à votre rythme et à votre façon.   Comme je le disais précédemment, plus le geste est odieux et plus l'événement est traumatisant, plus la souffrance est grande et plus il peut être difficile d'atteindre l'étape du pardon. Toutefois, sachez que ce n'est pas impossible. Plusieurs faits vécus nous ont été racontés où des victimes profondément blessées ont réussi à pardonner à l'agresseur et en ont été soulagées. Néanmoins, il faut parfois accepter l'aide requise pour y arriver.

"Le pardon est semblable à la fragrance que la violette utilise pour le talon qui l'a écrasée"

Pour nous ouvrir aux bienfaits du pardon, la première étape est de bien ressentir sa colère. Nous en avons parlé précédemment, c'est une étape importante des étapes du deuil. Reconnaître, ressentir et exprimer la colère qui nous habite permet d'évacuer le trop plein relié à ce qui nous paraît alors inacceptable. Par la suite, une place peut

---

20 Tiré du dictionnaire Wikipédia, dans un article relié au « Pardon » : Ho'oponopono

être faite aux émotions telles que l'injustice, la peine, la peur de la solitude, le sentiment d'insécurité, la dévalorisation, l'impuissance, la honte, la culpabilité, etc.

La douleur que l'on réprime est une douleur qui ne guérit pas. Il devient donc important de bien prendre le temps de ressentir et d'exprimer ces émotions causées par les épreuves sur notre chemin de vie. Par la suite, les blessures profondes, peu à peu, se cicatrisent, deviennent moins douloureuses et nous pouvons alors abandonner le sentiment d'être une victime pour laisser la place au sentiment d'être un survivant. Le pardon devient alors possible apportant finalement la paix et la sérénité intérieures. Semble-t-il que le pardon transforme littéralement l'ADN de celui qui le donne comme de celui qui le reçoit. Cela se passerait au niveau des chromosomes et de la circulation énergétique, rendant le corps plus positif et plus harmonique avec lui-même dans sa globalité (corps, âme et esprit). [21]

Pour ceux qui vivent un événement où l'agent stresseur n'est pas une personne physique que vous pouvez identifier mais un événement, sentez-vous que vous avez peut-être aussi quelqu'un à qui il serait bon de pardonner? Par exemple, vous avez un enfant handicapé ou vous venez d'apprendre que votre enfant est atteint d'une maladie chronique, se peut-il que vous ayez tendance à chercher un coupable? Et si ce coupable, vous finissiez par penser, très certainement à tort, que c'est vous. Si vous vivez, dans cette expérience, un sentiment de culpabilité, vous aurez besoin de vous pardonner. Sachez qu'il se peut qu'il vous soit aussi difficile de vous pardonner que de pardonner à un agresseur bien identifié, Le pardon est intimement lié à la capacité de nous estimer et de nous aimer. Et si nous avons beaucoup de peine à nous pardonner parce que nous ne nous estimons pas suffisamment, nous rencontrerons la difficulté de pardonner à l'autre.

Quand nous nous sentons victime d'une personne ou d'un événement, cela veut dire que nous nous sentons agressé. Je crois sincèrement qu'il est bon d'identifier l'agresseur réel ou virtuel afin de pouvoir lui pardonner, car il n'a été que l'instrument de notre Plan. Je ne parle pas d'oublier mais de pardonner. On n'oublie pas : la douleur est moins vive, mais certains impacts demeurent et nous le rappellent.

Ho'oponopono : un support à la volonté de pardonner

Plusieurs mois après l'agression, il y avait des indices que je n'avais pas encore pardonné à l'agresseur dont je connaissais maintenant le nom. Tant que je n'ai pu le nommer, j'ai su que je conservais de l'amertume et du ressentiment envers lui. Une amie m'a parlé d'une méthode pour purifier les pensées, les émotions, les

---

21 Schwartz, Robert, *Âmes courageuses Programmons-nous les défis de notre vie avant notre naissance?*

comportements, les états négatifs, etc. Cette méthode s'appelle : Ho'oponopono.[22] Elle nettoie les croyances acquises, les pensées et les mémoires dont nous ignorons même l'existence. Elle s'inspire de l'expérience d'un psychologue de l'état d'Hawaï qui a travaillé pendant plusieurs années dans une unité psychiatrique gérée par le Département de la santé de l'État d'Hawaï. Il y a travaillé de 1984 à 1987 à raison de 20 heures par semaine dans l'unité sous haute surveillance, dans laquelle on gardait des patients masculins qui avaient commis des actes criminels tels que des meurtres, des enlèvements, de la consommation de drogue, des agressions et des voies de faits contre la personne ou contre la propriété.

Je vous cite un extrait de ce livre :

> *"... Le Dr. Hew Len a l'habitude d'aller voir en lui pour découvrir qu'est-ce qui est commun avec ce qui se manifeste à l'extérieur de lui. Quand il travaillait à l'asile, il a étudié le dossier des patients....il ne se préoccupait que des émotions qui l'habitaient à ce moment-là. Au fur et à mesure qu'il liquidait ces émotions, la libération et la guérison se sont également manifestées chez les patients. La plupart des gens n'ont aucune idée du sens du mot responsabilité. À mesure qu'ils vieillissent, ils deviennent de plus en plus conscients et ils commencent à réaliser qu'ils sont responsables de ce qu'ils disent et de ce qu'ils font.*
>
> *... Nous commençons à voir, en plus, que nous sommes aussi responsables de tout ce que les autres font ou disent et cela tout simplement parce qu'ils font partie de notre expérience. Si nous créons notre propre réalité, cela veut également dire que nous créons tout ce que nous voyons, y compris ce que nous n'aimons pas.*
>
> *... comme solution, le Dr. Hew Len, répète simplement les phrases suivantes : « Je t'aime, je suis désolé, s'il te plaît pardonne-moi, merci ». L'idée derrière tout cela est de libérer l'énergie commune".*

Mon amie me racontait ce qui arrivait de bon dans sa vie quand elle récitait cette phrase. J'ai alors commencé à la dire: « Je t'aime, je suis désolée, pardonne-moi s'il te plaît, merci ». Plus le jour de l'enquête préliminaire approchait, plus je répétais cette phrase. Malgré ma volonté de nettoyer ces mémoires, je n'avais pas le goût de l'affronter, et de devoir le faire me pesait sur les épaules. Cependant, j'étais prête à le faire s'il le fallait.

---

22 Cette méthode est décrite dans le livre de Joe Vitale : *Zéro limite le programme secret hawaïen pour l'abondance, la santé, la paix et plus encore*

La veille du jour J arriva : le 24 mars 2009. À 16 heures, j'ai reçu un appel téléphonique de l'enquêteur responsable du dossier, m'annonçant que l'agresseur renonçait à l'enquête préliminaire, donc qu'il admettait en quelque sorte sa culpabilité. Yes! Quel soulagement! Mon conjoint et moi avons ouvert une bouteille de champagne : c'était la fête et je me sentais victorieuse.

Victoire de quoi et sur qui?

- Malgré le fait que je me sentais stressée à l'idée de le rencontrer, j'entendais aussi une petite voix intérieure me disant que je n'aurais pas à le faire : cet appel confirmait, une fois de plus, que je pouvais me fier à mon intuition.
- De plus, les transits planétaires (dans ma carte du ciel), qui étaient présents lors de l'événement, se terminaient à la mi-mars, indiquant ainsi que cette expérience était terminée pour moi: mon analyse astrologique s'avérait juste.
- L'exercice Ho'oponopono avait contribué à nettoyer le reste de mon amertume face à cet événement et à cet homme, j'avais lâché prise et j'étais prête à le vivre s'il le fallait. Toutefois, j'appréciais vraiment ne pas avoir à vivre ce procès.

Tout cela avait contribué à boucler la boucle de belle façon pour moi. Même si tout n'était pas terminé sur le plan judiciaire, je savais que ça l'était pour moi. Je vivais de la gratitude pour cette Intelligence énergétique universelle qui s'occupe de tous les détails.

Lorsque je vous ai parlé des étapes de l'acceptation, je vous ai raconté que l'agresseur, après avoir entendu la phrase magique, avait riposté tout en libérant l'étreinte : « Pourquoi tu m'as fait mal ? » Ne voyez-vous pas un lien avec la philosophie de Ho'oponopono, prétendant qu'à partir du moment où quelqu'un ou un événement fait partie de notre expérience, nous sommes responsable de le nettoyer? Tout ce qui se présente dans notre vie est le manifesté de mémoires inconscientes, inscrites dans notre subconscient depuis le début des temps. Ces mémoires ne demandent qu'à être libérées ou nettoyées.

En ce qui me concerne, cette adhésion à la notion de responsabilité, développée par le Dr. Hew Len, me permet de transformer le blâme, la rancoeur et l'amertume en des sentiments de compassion au niveau du cœur. Je vis mieux avec les sentiments dictés par mon cœur que ceux dictés par mon ego apeuré et blessé. Je vis plus de sérénité et moins de souffrance. Je suis donc plus heureuse.

Ma recherche de sens

Pour comprendre et trouver un sens à cet événement, je me suis tournée vers des approches non conventionnelles : l'astrologie, la thérapie en régression et la médiumnité.

Compte tenu de mes croyances et sans vouloir dénigrer les approches thérapeutiques qu'on m'a offertes à la suite de ma rencontre avec l'équipe d'intervention du Centre d'aide aux victimes d'acte criminel (CAVAC), j'ai bien senti qu'il n'était pas facile pour les intervenants de me comprendre et de m'accompagner. Par ailleurs, je me suis toujours sentie respectée. En réalité, c'est moi qui avais besoin de parler à des personnes avec lesquelles j'avais l'habitude de parler depuis longtemps. Je m'intéresse et je navigue à l'intérieur de ces approches depuis de très nombreuses années et même de multiples vies. Pour avoir lu ou en avoir entendu parler, vous connaissez peut-être déjà ces différentes approches. Une fois de plus, je vous invite tout de même à vous ouvrir, car il se pourrait que mon point de vue vous surprenne, surtout si vous n'êtes pas familier avec les notions de métaphysique. Si cela vous arrive, respirez, sondez votre cœur pour voir s'il est en résonance, et si vous sentez que ce sera bon pour vous, continuez dans la confiance que ce sera supportable, même si vous ne savez pas encore comment.

Si je vous fais part des différentes ressources que j'ai utilisées afin de comprendre et de ne pas subir de choc post traumatique, c'est simplement pour vous inviter à en faire autant. Non pas utiliser les mêmes approches que moi nécessairement, mais vous faire aider pour mieux traverser cette épreuve. Si vous connaissez des approches et des personnes avec lesquelles vous seriez à l'aise et en confiance, alors osez faire appel à elles. Peut-être qu'en lisant ce livre, vous découvrirez de nouvelles approches, inconnues jusqu'à maintenant. Tant mieux, car vous aurez plus d'outils dans votre boîte à outils, vous aurez plus de choix et vous deviendrez susceptible de souffrir moins longtemps.

Du point de vue astrologique

Depuis quelques années, je reçois des personnes qui désirent se connaître et se comprendre davantage en utilisant l'astrologie évolutive. Le mot l'indique, c'est dans un but d'évolution qu'est utilisé le thème natal (la carte du ciel) : évoluer par la découverte de notre potentiel, de nos forces, de nos parties « ombre et lumière », de nos schèmes de comportements répétitifs, de ce que nous avons choisi de venir expérimenter dans cette vie-ci, etc. La carte du ciel de naissance montre le chemin, et nous avons le choix de choisir ce chemin ou d'en emprunter un autre plus attirant, mais peut-être un peu plus long.

Vous devinerez donc que l'un des premiers gestes que j'ai posés a été de regarder où étaient mes transits[23] planétaires ce jour-là. Les planètes, lors de leurs transits, font des aspects[24] avec les planètes de notre carte du ciel de naissance. Ces transits planétaires et leurs aspects deviennent alors des opportunités de découverte, de changement profond, d'ouverture de conscience, d'abandon de vieux schèmes de pensée ou de comportement et d'actualisation de notre Plan de vie. Vous trouverez, à l'annexe 4, un résumé de ce qu'est l'astrologie évolutive. Cette approche étant plutôt complexe, quoiqu'extrêmement intéressante, je tenterai d'être simple dans le partage du sens que j'y ai trouvé.

Je voyais bien les Planètes en transit le jour de l'événement, mais je n'arrivais pas à trouver toutes les opportunités qu'elles m'offraient. Peut-être étais-je trop dans l'émotion reliée au choc vécu pour accepter de voir que c'était une opportunité. Je vous ai fait part, plus haut, des étapes du deuil vécues pendant l'événement. J'ai revécu les mêmes étapes après l'événement. Je n'ai pas accepté tout de suite que ce pouvait être un apprentissage, même si j'avais vécu une certaine acceptation pendant l'expérience. Vous qui vivez actuellement une épreuve ou qui tentez de trouver un sens à ce que vous avez vécu, permettez-vous de vivre toutes les émotions que ces événements traumatisants et difficilement acceptables vous demandent de vivre. Respectez votre rythme et ne soyez pas trop sévère avec vous-même.

Je suis donc allée rencontrer mon professeur d'astrologie afin de m'éclairer davantage. Lorsque j'ai eu cette entrevue, il s'était passé au moins quatre à six semaines depuis l'agression. Je n'étais donc plus dans des émotions trop vives. Cette rencontre, parce que je la racontais à nouveau, m'a permis de faire des liens, et surtout de prendre conscience du moment d'acceptation que j'avais brièvement vécu pendant l'agression. Je ne l'avais pas compris avant cette entrevue avec mon professeur. L'acceptation de vivre le geste que tentait de m'imposer l'agresseur représentait un défi que j'avais à surmonter et qui apparaissait clairement par la planète qui transitait un nœud énergétique dans ma carte du ciel, à ce jour précis. Me suivez-vous toujours?

Ce que je veux que vous reteniez, c'est que cette approche m'a aidée à donner un premier sens à l'événement. Il y en a eu d'autres. Dans les semaines qui suivent une

---

23 La carte du ciel montrant la position des planètes et leurs relations géométriques (aspects) à la naissance de l'individu, représente l'aspect statique de l'astrologie : les types d'expériences planifiés avant l'incarnation (Plan de vie), ce avec quoi on arrive dans la vie. Les progressions des planètes et leurs transits (les planètes poursuivant leur course cyclique) représentent l'aspect dynamique et transformatif : au fil des années et des expériences, nous avons l'opportunité d'actualiser ce Plan de vie.

24 Ce rapport entre les planètes, appelé aspect, est l'écart angulaire qui sépare deux planètes. La distance (écart angulaire), séparant ces deux planètes, crée une relation particulière, harmonieuse ou dysharmonieuse, entre deux énergies planétaires.

perte ou un deuil, l'annonce d'un diagnostic, un événement où vous sentez que vous perdez pied, vous avez besoin de vous raccrocher à du positif pour dépasser le désir d'abandonner et de vous laisser couler. Vous avez besoin de savoir que tout cela n'arrive pas pour rien et qu'un jour, vous pourrez retrouver la sérénité. Toutes ces ressources que vous trouverez et que vous vous permettrez d'utiliser apporteront des réponses et du réconfort, chacune de leur point de vue et à leur façon.

Du point de vue d'une vie passée

Dans mes suivis thérapeutiques, j'utilise une autre approche tout aussi extraordinaire que l'astrologie: la thérapie en régression[25]. Cette approche, que je qualifie de thérapie de l'âme et du cœur, permet de nettoyer en douceur, mais en un temps relativement court, les émotions à l'origine de nos problématiques. Par un processus de thérapie en régression, il est possible de ramener à la conscience et de comprendre ce que nous avons vécu dans le passé de la vie présente ou d'une vie antérieure. De plus, ce processus permet de trouver un sens à ce vécu, de guérir les émotions qui y sont reliées, très souvent restées coincées dans ces événements du passé, puis de recréer l'événement de façon harmonieuse afin que la problématique soit résolue à jamais.

Quelques mois après l'agression, j'ai eu le privilège d'être accompagnée dans une régression de type avancé, par M. Pierre Dubuc, l'âme et l'initiateur de la thérapie en régression au Québec. Ce que j'y ai découvert, alors que je ne m'y attendais pas, me donna un éclairage supplémentaire.

En voici un résumé :

Pendant cette régression, j'ai contacté un personnage qui abusait de son pouvoir : je commandais des arrêts de mort et des pendaisons. Je me sentais habité par une force sombre que je n'arrivais pas à dominer : c'est elle qui me dominait. J'étais à sa merci malgré que je veuille m'en départir. Mon personnage ressentait beaucoup de dégoût, de rage intérieure, de tristesse, d'impuissance, de découragement. Je ne m'aimais pas en tant qu'être si odieux, et malgré cela, je n'arrivais pas à renoncer à ce pouvoir abusif. Je voulais mourir, tellement je me sentais impuissant devant cette force dominatrice.

Poursuivant la thérapie, Pierre me demanda de descendre au niveau de mon cœur pour trouver une solution. Je ressentis, contre toute espérance, un immense désir d'en sortir malgré que je ne sache pas comment. Je vis alors un tout petit point de lumière, très profondément enfoui dans mon cœur. J'ai commencé à respirer dans ce petit point lumineux qui représentait mon désir de me libérer. Tout doucement, cet

---

25 Vous trouverez, à l'annexe 4, une définition de la Thérapie en régression.

infime point lumineux a commencé à s'élargir et à prendre de l'expansion. Je sentais que ce serait long; cependant, je commençais à ressentir l'espoir de changer. Avec de la patience et petit pas par petit pas, je sentais la confiance s'installer et la conscience se développer : la conscience qu'une partie de moi était Lumière et Amour. Malgré l'ombre qui m'habitait et qui semblait prendre toute la place au début, je découvrais une partie de moi lumineuse, désireuse de devenir Lumière et de m'habiter entièrement un jour.

Les souvenirs que je garde de cette régression sont l'immense peine vécue dans la personnalité de ce personnage odieux et l'image de ce petit point lumineux dans mon cœur qui s'agrandissait avec la pratique quotidienne de le faire grandir. Le message reçu de mes guides, ce jour-là, fut : "N'aie pas peur de briller, accepte ta luminosité, sois Lumière et Amour dans ta vie, pour toi et tous ceux que tu côtoies".

Le processus de thérapie en régression, étant une technique plutôt spirituelle, il est difficile d'en connaître exactement tous les impacts. Le sens que j'y ai trouvé, en rapport avec l'agression vécue quelques semaines auparavant, fut de prendre davantage conscience que tous les êtres humains sont à la fois ombre et lumière. Ils ne sont pas qu'ombre : chacun possède une partie lumineuse, parfois enfouie sous une noirceur totale, mais elle est là. J'en ai la conviction pour l'avoir vécu un certain jour passé. Je suis certaine aussi que cette thérapie m'a aidée à pardonner.

Du point de vue de mes Guides

Il y a quelques années, j'ai eu le grand plaisir de rencontrer Monique Arcand, médium. Elle a le don de pouvoir communiquer avec nos guides spirituels. J'avais la curiosité de connaître ce que ces guides mijotaient pour et avec moi. La première fois que j'ai consulté Monique, j'ai trouvé qu'ils avaient été très perspicaces et ils ont répondu à plusieurs de mes questions. Je les contacte donc à l'occasion et au besoin.[26]

Quelques semaines après l'agression, j'ai demandé à Monique si elle voulait bien me recevoir en entrevue téléphonique, car je croyais que mes guides allaient pouvoir m'éclairer sur les raisons de cette opportunité planifiée par mon âme. J'étais encore dans le « Pourquoi moi? ». Je sentais le besoin de savoir, par ailleurs, j'avais peur de ce qui allait m'être révélé. Voilà pourquoi, le soir venu, j'ai oublié notre rendez-vous. J'y ai repensé plusieurs jours plus tard. Je n'étais donc pas encore prête à entendre ce qu'ils avaient à me dire ou bien j'avais peur d'en savoir trop sur l'agresseur. Quoi qu'il en soit, le temps n'était pas encore venu. J'ai rapidement compris ce message et je me suis respectée. J'ai attendu que le besoin d'avoir le point de vue de mes guides resurgisse plus tard. J'ai de nouveau fait appel à Monique plusieurs mois après ce

---

26 Monique Arcand se définit comme une Aviseure spirituelle. Elle habite maintenant aux États-Unis et vient occasionnellement au Québec.
Ses coordonnées : monique@moniquearcand.com / cellulaire 732-757-5336.

rendez-vous manqué, en fait, quelques semaines avant la tenue de l'enquête préliminaire. Je sentais le besoin, à ce moment-là, de faire appel à mes guides pour m'assister le jour où je reverrais l'agresseur pour la première fois. Je voulais m'assurer que je ne serais pas seule à la barre. Je vous fais part d'une partie de la communication transmise par Monique, ce lundi soir où j'étais alors prête.

"... Concernant l'agression, le travail s'est fait avant cet événement. Celui-ci fut une synchronicité; tu es arrivée à un point limite d'un choix de vivre. Ce fut un moment très bref mais profond de dépassement de soi. Dans le subconscient, c'est une profonde recherche d'une vie spirituelle et d'une vie physique. L'instant d'un souffle, tu as fait un bref saut dans une autre dimension, un dépassement énorme en très peu de temps, une synthèse rapide. Les contradictions intérieures furent dépassées. Ce n'était pas un événement karmique[27]. C'était un profond enseignement sur « comment survivre au-delà du corps physique ». Cette conscience-là va devenir de plus en plus une intégration de tes écrits et du travail antérieur réalisé. Nous serons avec toi dans le prochain mois[28]. Tu as toi-même à comprendre ce que toi tu t'es donné comme expérience. Une lumière violette est passée à travers toi et cette personne n'a pas pu continuer.[29]

Cette communication de mes guides m'a beaucoup apaisée et je me sentais prête à affronter le jour J, c'est-à-dire, revoir l'agresseur pour la première fois. Ça devait se passer quatre semaines plus tard. Peut-être êtes-vous en train de vous dire que tout cela ne peut pas être vrai, que ce n'est pas scientifique, que les guides n'existent pas vraiment, que ceux qui se disent médiums sont des charlatans, etc.

Qu'importe au fond, que ce soit vrai ou faux, l'important est d'y croire et de ressentir cette vibration de cohérence qui résonne au niveau de notre cœur. J'ai reçu ces mots comme une réponse à mes interrogations et j'ai été apaisée. En conséquence, je souffre moins et je peux faire des liens qui me donnent la perception de progresser dans mon évolution.

Cette entrevue était dans la continuité de mes croyances qui, jusqu'à maintenant, m'ont bien servie et ont contribué à intégrer cette expérience.

À vous maintenant de vous faire une idée et de trouver les ressources qui vous feront du bien et qui répondront à vos pourquoi et à votre recherche de sens.

---

27 Une dette karmique est reliée à un vécu antérieur négatif avec cette âme, dans une vie passée.

28 Ceci faisant référence à l'enquête préliminaire à laquelle je devais assister.

29 La couleur de ma Famille d'Âmes est violette. Je ne le savais pas au moment où j'ai parlé à Monique. Je viens de l'apprendre.

L'implication de ma Familles d'Âmes

Comme je l'ai mentionné ci-dessus, je viens tout juste de terminer l'atelier s'inspirant du livre "Bienvenue dans la 5ᵉ dimension". J'ai découvert, dans ce livre et cet atelier, une construction extraordinaire et bien structurée, nous faisant découvrir les cinq dimensions de l'être et pour chacune d'elles :

- à quels champs énergétiques et sphères d'expérimentation elle est reliée,
- quelle est la Famille d'Âmes qui lui correspond,
- quel est le contrat d'incarnation associé,
- quels sont les mécanismes de domination et les façons d'aller chercher de l'énergie,
- quel est le cadeau offert,
- quelles sont les meilleures façons d'harmoniser et de soigner ces dimensions,
- quel pourcentage énergétique y consacrer chaque jour.

Pendant cet atelier d'une durée de deux jours, j'ai contacté ma Famille d'Âmes, et surtout, j'ai dit oui à cette Famille. L'une des particularités est que nous résistons à actualiser totalement la Lumière de notre Famille d'Âmes. Pourtant, à partir du moment où nous acceptons, tout devient plus facile. Si je vous en parle, c'est que j'y ai vécu une révélation en rapport avec l'expérience dont je vous fais part dans ce livre. Lors du dîner, la conversation tournait autour des mécanismes de domination dont je vous ai parlé. Alors que je raconte rarement l'agression dont j'ai été victime, je me suis surprise à dire : " En tout cas, moi je ne suis tellement pas « bourreau », que l'an passé, j'ai été agressée dans ma cour et je n'ai même pas eu l'idée de blesser l'agresseur".

C'était parti, tout le monde était suspendu à mes lèvres pour savoir ce que j'avais vécu. J'ai donc raconté, en y ajoutant ce que j'avais découvert en astrologie, à savoir, qu'un des transits planétaires que je vivais correspondait exactement à une difficulté de mon thème natal : Saturne conjoint Pluton. Une des significations de cet aspect est la peur de la sexualité. Je suis venue m'incarner, entre autres, dans l'intention de dépasser cette difficulté. J'avais donc déjà décidé, dans mon Plan de vie avant mon incarnation, que je vivrais un problème de ce type et je comprends maintenant que j'ai choisi les âmes collaboratrices qui me le feraient expérimenter.

Je vous en fais part très simplement et sans peur d'être jugée car vous comprendrez bientôt que j'ai dépassé cette peur, et de plus, je ne pense pas être seule au monde à vivre une difficulté à ce niveau. Pourtant, peu de personnes osent en parler par peur de passer pour « anormale».

Donc, après avoir raconté mon vécu, Sylvie, coach Quintescence, sans détour et très simplement m'a demandé : "Puis, qu'est-ce qui arrive maintenant avec ta sexualité?"

L'espace de quelques secondes, j'ai été déstabilisée par mon vieux réflexe de peur d'être jugée et j'ai balbutié : "C'est une grande question." Puis, une lumière se fit rapidement dans ma tête et je m'entendis répondre, alors que je n'avais jamais réfléchi à cette question auparavant : "En fait, ce que cet événement a généré, c'est l'acceptation de la sexualité que je vis, même si pour certains, ce pourrait être considéré comme une sexualité « hors-norme »". Ma Famille d'Âmes venait de se manifester et elle m'apportait une vision nouvelle, au moment où je pouvais la comprendre et compléter ainsi l'acceptation. Je me surprenais moi-même et j'étais vraiment émerveillée de ce nouvel éclairage.

Finalement, la compréhension d'un événement se fait par bribes et graduellement, au fur et à mesure que nous nous ouvrons à comprendre. Pendant cette formation, où je me rendais disponible à de nouveaux concepts, je suis devenue plus réceptive, et les messages de ma Famille d'Âmes pouvaient être reçus avec plus de fluidité.

Et vous, où en êtes-vous ?

- Par rapport à un événement difficile ou traumatisant passé, vous souvenez-vous comment vous avez vécu les étapes d'acceptation ?
- Si vous vivez actuellement une épreuve, à quelle étape êtes-vous ?
- Si vous avez de la difficulté à accepter, qu'est-ce qui vous empêche de le faire ?
- Est-ce qu'il y a, dans vos vies, des personnes que vous pourriez considérer comme des âmes collaboratrices ?
- Quelles ressources externes utilisez-vous pour vous aider ?
- Parmi les approches citées dans ce chapitre, est-ce que l'une d'entre elles vous inspire? Laquelle ?
- Que pensez-vous du pardon ?
- Est-ce qu'il y a des personnes, y compris vous-même, à qui vous auriez besoin de pardonner ?

Chapitre 4

Quand l'épreuve
paraît insurmontable

« Le temps permet la cicatrisation des blessures »

Lorsque le corps est en bonne santé et qu'il se blesse, la peau se cicatrise sans problème en peu de temps. Le corps a la capacité de rétablir son homéostasie.[30] Il en est ainsi tant au plan physique que psychique. Cependant, si la personne est plus ou moins en santé, si elle présente des déséquilibres, si la blessure est très grave ou si le choc est traumatique, il se peut qu'il faille plus de temps pour retrouver l'équilibre et le bien-être global. Alors, comme dans la chanson « BOBO » des Cowboys fringants, "il faut s'arrêter pour comprendre d'où viennent les bobos et enfin pouvoir s'en délester le dos".

Il est vrai de dire que le temps permet habituellement la cicatrisation des blessures. Cependant, il arrive que le temps seul ne réussisse pas à cicatriser les blessures trop

---

30 Homéostasie : capacité de tous les organes internes du corps de maintenir leur équilibre (température corporelle, distribution, assimilation et élimination des sucres, etc.)

profondes ou infectées. Il faut alors se tourner vers des ressources externes qui supporteront le travail de votre corps.

Dans ce chapitre, nous parlerons plus particulièrement du stress post-traumatique et des autres troubles physiques et psychiques dont nous pouvons souffrir quand nous avons été profondément blessés ou que nous vivons une épreuve exigeant des capacités d'adaptation hors de l'ordinaire. Certains parmi vous, lecteurs et lectrices, sont-ils encore sous le choc du traumatisme vécu et vivent-ils un stress post-traumatique? D'autres peut-être, ayant réussi à dépasser le choc, vivent tout de même des désordres psychiques et physiologiques dont ils voudraient bien se délester ou aimeraient tout simplement apprendre à mieux les gérer. Vous-même n'avez peut-être pas vécu d'événement traumatisant mais l'épreuve que vous vivez ou avez vécu est si difficile à surmonter que vous souffrez de troubles de l'adaptation.

Les propos de cette partie s'inspirent de la formation que j'ai suivie avec l'auteure du livre : "Quand la peur prend les commandes" Evelyne Donnini, psychologue[31] et sa collègue, Catherine Séguin-Savioz, thérapeute psycho-corporel.[32]

L'événement traumatique

Pour que l'événement vécu soit qualifié de « traumatisant », vous devez avoir été exposé, ou avoir été témoin, ou avoir été confronté (dans le cas d'un proche) à un événement où :

- Une ou des personnes ont pu mourir ou être grièvement blessées, ou ont été menacées de mort, ou leur intégrité physique ou celle de quelqu'un d'autre a été fortement menacée
- Vous avez vécu des émotions intenses de peur, d'impuissance ou d'horreur.

Voici quelques exemples d'événements traumatiques :

- Décès subit d'un proche ou perte par agonie
- Agression, violence
- Accident de la route
- Vol, hold-up
- Désastre naturel

---

31 Donnini, Evelyne, « *Quand la peur prend les commandes comprendre et surmonter le traumatisme psychologique* »

32 Le titre de la formation est : *L'intervention individuelle post-traumatique Programme 1 Évaluer, comprendre et traiter le trauma*

- Incendie
- Annonce d'une maladie grave
- Trauma lié à la grossesse tel que césarienne d'urgence ou bébé mort-né
- Séquestration ou enlèvement
- Suicide d'un proche
- Guerre
- Danger de mort par noyade
- Victime de la rage au volant

Donc, si l'événement que vous vivez ou avez vécu est de ce type, vous êtes susceptible de vivre ou d'avoir vécu un stress post-traumatique. L'intensité des émotions varie d'une personne à une autre. Il n'en demeure pas moins que les réactions et les conséquences vécues par les victimes sont normales. Si ce que vous vivez comme épreuve n'est pas traumatique, il se peut tout de même que vous viviez un trouble d'adaptation. Il est normal de vivre ces réactions lors d'épreuves significatives. C'est difficile et il faut habituellement du temps pour s'adapter à une séparation, au décès d'un proche, à la maladie, à des problèmes financiers graves, à une perte d'emploi, à l'infidélité d'un conjoint ou d'une conjointe, etc. Vous vivez alors ce qu'on appelle un trouble de l'adaptation. Les symptômes se ressemblent. C'est l'agent stresseur, c'est-à-dire, le type de stress vécu, qui détermine comment on le nomme et s'il est un stress post-traumatique ou un trouble de l'adaptation.

L'état de stress post-traumatique (ESPT)

À la suite d'un choc, il est normal d'être traumatisé. Dans 75% des cas, les symptômes durent moins de un mois. Si les symptômes durent jusqu'à trois mois, vous êtes alors en état de stress post-traumatique aigu (ESPT aigu). Si vous êtes bien entouré et que vous avez des ressources internes et externes, le corps peut digérer ce stress à l'intérieur de trois mois. Ça ne veut pas dire que vous n'aurez plus aucun symptôme. Cela veut plutôt dire que vous aurez appris à vivre avec et qu'ils se dissiperont peu à peu.

Quand les symptômes durent plus de trois mois, il s'agit d'un état de stress post-traumatique chronique. Vous avez alors besoin d'aide pour vous en sortir. Pour savoir si vous vivez un tel état de stress, voici quelques données pour vous éclairer.

Vous vivez un état de stress post-traumatique chronique si les perturbations suivantes se manifestent encore après trois mois [33]:

---

33 Tiré de la formation donnée par Évelyne Donnini et Catherine Séguin-Savioz : « L'intervention individuelle post-traumatique Programme 1 Évaluer, comprendre et traiter le trauma » p. 9 et 10

- L'événement traumatique est constamment revécu de l'une ou plusieurs des façons suivantes (reviviscences) :

    o Souvenirs répétitifs et envahissants de l'événement provoquant un sentiment de détresse et comprenant des images, des pensées ou des perceptions,
    o Rêves répétitifs de l'événement provoquant un sentiment de détresse,
    o Impressions ou agissements soudains « comme si » l'événement traumatique allait se produire, incluant le sentiment de revivre l'événement, des illusions, des hallucinations et des « flash-back »,
    o Sentiment intense de détresse psychique lors de l'exposition à des indices internes ou externes évoquant ou ressemblant à un aspect de l'événement traumatique en cause,
    o Réactivité physiologique lors de l'exposition à des indices internes ou externes pouvant évoquer ou ressembler à un aspect de l'événement.

- Il y a la présence d'au moins trois des manifestations d'évitement et d'émoussement suivantes :

Stratégies d'évitement (survie) :

    o Efforts pour éviter les pensées, les sentiments ou les conversations associés au traumatisme,
    o Efforts pour éviter les activités, les endroits ou les gens qui éveillent des souvenirs du traumatisme,
    o Incapacité de se rappeler d'un aspect important du traumatisme (à moins d'avoir été frappé à la tête).

Symptômes d'émoussement pour vous protéger :

    o Réduction nette de l'intérêt pour les activités importantes ou bien réduction de la participation à ces mêmes activités,
    o Sentiment de détachement d'autrui ou bien de devenir étranger par rapport aux autres,
    o Restriction des affects (par exemple incapacité à éprouver des sentiments tendres),
    o Sentiment d'avenir « bouché » (par exemple ne pas pouvoir faire carrière, se marier, avoir des enfants ou avoir un cours normal de la vie).

- Il y a la présence d'au moins deux des manifestations neurovégétatives suivantes, indiquant que le système d'alarme du corps est déréglé :

o Difficultés d'endormissement ou sommeil interrompu,
o Irritabilité ou accès de colère,
o Difficultés de concentration,
o Hypervigilance,
o Réaction de sursaut exagérée.

- Il y a perturbation entraînant une souffrance cliniquement significative ou une altération du fonctionnement social, professionnel ou dans d'autres domaines importants.

Il semble que l'état de stress post-traumatique se développe quand la personne organise sa vie en fonction du traumatisme vécu. Toutes ses énergies sont utilisées et assignées aux souvenirs reliés à cet événement. Elle n'arrive pas à classer cet événement comme faisant partie du passé : la mémoire émotionnelle le lui fait constamment revivre, ce qui peut facilement amener la personne dans un épuisement de son énergie nerveuse. Si vous vous reconnaissez dans ces propos et si vous vivez plusieurs de ces manifestations, cela indique que vous êtes encore très perturbé et que vous vivez possiblement un état de stress post-traumatique. Il est primordial que vous alliez chercher de l'aide extérieure car le risque de développer d'autres problématiques associées est grand (dépression, alcoolisme, idéation suicidaire, utilisation de drogues ou médication, phobie, problème au niveau de la sexualité).

Plus le temps passe, plus les réactions d'alarme vécues lors du traumatisme risquent de devenir des alarmes apprises, c'est-à-dire que vous avez des comportements comme si vous étiez dans une situation de détresse alors que vous ne l'êtes pas. Utiles dans un état de survie, ces réactions n'ont plus leur utilité maintenant. Vous pouvez les remercier et les honorer pour la protection apportée lors de l'événement. Cependant, à partir de maintenant, vous devez apprendre à vivre sans elles : voilà le message à leur donner. Prenez conscience que vous êtes un survivant ou une survivante et non une victime. Vous avez réussi à passer au travers d'un événement où vous auriez pu mourir et où vous avez vécu des émotions intenses de peur et/ou d'impuissance, et vous avez survécu. Vous avez donc la plupart des ressources intérieures requises pour traverser cette épreuve. Malgré que ce soit difficile, vous pouvez développer le courage de le faire.

Vous trouverez, dans le prochain chapitre, plusieurs outils qui pourront vous aider. Cependant, si vous croyez vivre un état de stress post-traumatique, n'hésitez pas à demander de l'aide, afin que vous puissiez enfin traverser votre pont. Plus vous attendrez, plus ce sera difficile.

Les troubles de l'adaptation

Vous vivez actuellement une épreuve et vous avez de la difficulté à vous adapter à cette nouvelle situation. Votre corps tout entier réagit en signe de protestation. Ce sont souvent les mêmes symptômes que dans un état de stress post-traumatique et vous avez aussi à passer à travers les étapes du deuil afin de parvenir à l'acceptation. Voici les principales manifestations[34] témoignant que vous vous adaptez difficilement à une situation problématique:

Manifestations physiques

- Tremblements nerveux,
- Manque d'énergie ou hyperactivité,
- Palpitations ou crises de panique,
- Dérèglements hormonaux,
- Différentes somatisations telles que migraines, vertiges, tensions musculaires, troubles du sommeil,
- Baisse du système immunitaire.

Manifestations mentales

- Perception négative de soi-même et du monde extérieur,
- Difficulté à prendre des décisions,
- Difficulté de concentration et d'attention,
- Perte de mémoire, déni,
- Idéation suicidaire.

Manifestations émotives

- Sentiments de peur, de peine, de honte, de culpabilité,
- Irritabilité, colère, impuissance,
- Perte de joie de vivre, sentiment de vide intérieur,
- Perte de confiance en la vie et en autrui,
- Sentiments de fragilité et de vulnérabilité,
- Tendance à éviter de ressentir les émotions.

34Tiré de la formation donnée par Évelyne Donnini et Catherine Séguin-Savioz : « L'intervention individuelle post-traumatique   Programme 1 Évaluer, comprendre et traiter le trauma » p. 16 et 17

Manifestations comportementales

- Tendance à l'isolement, au repli sur soi,
- Tendance à utiliser la fuite dans l'alcool ou les drogues pour endormir l'anxiété ou la douleur,
- Problèmes relationnels.

Si vous vivez plusieurs de ces manifestations, il semble que vous vous adaptez difficilement à l'épreuve que vous traversez ou avez traversée. Je vous recommande fortement de demander l'aide de ressources professionnelles. Vous trouverez aussi, dans le prochain chapitre, plusieurs outils qui vous aideront à mieux vivre le stress relié à l'épreuve que vous vivez. Pour rétablir un certain équilibre, il suffit quelquefois de petits trucs et de peu de choses tels que : se permettre une petite demi-heure uniquement pour soi dans la journée, oser dire à son conjoint qu'on trouve la situation difficile, se mettre le nez dehors quelques minutes, prendre dix minutes pour son passe-temps favori (lecture, musique, jardinage, tricot, etc.). Obligez-vous à prendre soin de vous. N'attendez pas, commencez dès maintenant.

Dépendant de l'état physique ou psychologique dans lequel vous étiez quand vous avez vécu ce choc ou qu'est survenue l'épreuve, il se peut que votre corps ne puisse pas rétablir seul son homéostasie. Donnez-lui une chance en vous faisant aider. Le temps pour parvenir à la guérison sera moins long et moins pénible. Il n'est pas nécessaire de souffrir plus qu'il ne faut.

L'amour, générateur de guérison

Le temps permet la cicatrisation des blessures physiques et psychiques. Cependant, si nous réussissons à nous maintenir, la plupart du temps, dans un état intérieur de joie et d'amour, nous accélérerons leur guérison. Compte tenu des difficultés que vous vivez actuellement, il se peut que cet état vous soit difficile à atteindre. Je vous propose donc un exercice[35] que David Servan-Schreiber a diffusé dans son livre « Guérir le stress, l'anxiété et la dépression sans médicaments ni psychanalyse » : la cohérence cardiaque.[36] Pour bien comprendre cet exercice qui incite à ressentir des émotions à tonalité vibratoire élevée, je vous livre quelques notions développées dans le livre « Le Maître dans le cœur »[37]

Des chercheurs, à l'aide de graphiques, ont relevé la fréquence cardiaque de plusieurs personnes et ils ont démontré que, selon les sentiments ressentis, le cœur émet un graphique harmonieux ou désordonné. La VFC (variabilité de la fréquence cardiaque)

---

35 Vous trouverez le texte de l'exercice « La cohérence cardiaque » à l'annexe 5.

36 Servan-Schreiber, David. *Guérir le stress, l'anxiété et la dépression sans médicaments ni psychanalyse*, p. 67-84 Un chapitre complet traite de la cohérence cardiaque.

37 Marquier, Annie, *Le Maître dans le cœur*, p. 108-109

est dépendante de notre système nerveux autonome. Celui-ci, en constante interaction avec notre cerveau limbique (émotionnel), gère de façon automatique les événements de notre vie. Par le biais de son circuit sympathique, notre système nerveux secrète des hormones de stress (adrénaline et noradrénaline) qui nous incitent à combattre ou à fuir en face d'un danger (il accélère); par le biais de son circuit parasympathique il secrète plutôt une hormone qui apaise et calme (il freine). Ces capacités d'accélérer ou de freiner au bon moment assurent notre survie.

Quelquefois par contre, notre cerveau limbique automatique, dominé par la peur et nos conditionnements passés, réagit de façon accélérée et inappropriée et à d'autres moments, nous aurions besoin de freiner et de ralentir notre rythme de vie et nous en sommes incapables. Les battements du cœur, répondant au système nerveux autonome, adaptent leur fréquence selon les événements que nous vivons. En général et quand nous sommes dans un état de calme, il se situe entre 60 et 70 battements par minute. Il peut accélérer lorsque le système nerveux autonome, par la voie de son circuit parasympathique, le lui demande.

Des enregistrements graphiques de la fréquence cardiaque ont démontré deux formes de graphique:

- Un graphique harmonieux avec des ondes régulières et larges quand une personne expérimente des émotions agréables et des pensées élevées et lorsqu'elle se trouve dans un état intérieur de calme, de sérénité et de détente. C'est l'état de cohérence cardiaque.
- Un graphique désordonné aux vagues serrées et très incohérentes quand la même personne expérimente des pensées négatives ou des émotions désagréables comme la peur et la colère ou qu'elle se trouve dans un état de stress et d'agitation.

Il résulte de ces expériences que la forme du graphique de la fréquence cardiaque est directement liée à la qualité des émotions et des sentiments ressentis lors de l'enregistrement. Dépendant des émotions que nous choisissons de ressentir, nous vivons un état harmonieux ou chaotique. Si nous ressentons des sentiments d'amour, notre cœur sera dans un état de cohérence. Plus nous serons habités par un sentiment d'amour, amour de soi et amour des autres, plus notre corps pourra jouer son rôle d'homéostasie et ainsi retrouver son équilibre.

L'amour de soi et des autres

L'amour de soi c'est :

- Se reconnaître et accepter ses parties lumière et ombre tout aussi facilement qu'on le fait pour les autres.

- S'accorder tout le temps dont on a besoin pour se réaliser pleinement. Afin de pouvoir être disponible aux autres, on doit d'abord s'assurer que nos besoins les plus importants ont été répondus. Et cela, nous seul pouvons le faire.
- Se pardonner ses imperfections, sachant que nous sommes parfaits, tel que nous le pouvons aujourd'hui. Il est souvent beaucoup plus facile d'accepter l'autre dans son imperfection que de s'accepter soi-même. Nous sommes des êtres d'évolution. L'important est de rester sur ce chemin et d'accepter de prendre le temps qu'il faut.
- Développer la conscience de ce que nous sommes en nous abandonnant à ce "Je suis" et en nous engageant à actualiser nos potentiels. Renoncer à notre être apparent (le masque utilisé pour bien paraître ou se faire aimer) pour découvrir et oser exprimer notre être réel est une preuve d'amour de soi.

- Choisir, simplement et humblement, d'être un pont vivant dans le monde. Parce que nous aurons réussi à nous aimer complètement, les autres auront aussi la motivation et le courage d'en faire autant : c'est ainsi que nous sommes des ponts vivants ou que nous « donnons au suivant ». L'amour, quel qu'il soit, génère l'amour. Si nous réussissons à nous octroyer tout l'amour que nous méritons, nous serons capables d'aimer véritablement les autres.

Quand nous vivons des événements difficiles, il est facile de nous juger sévèrement et de nous blâmer. Nous devons réussir à nous aimer malgré nos réactions parfois inadéquates, malgré nos impatiences, nos faiblesses, nos désespoirs, nos désirs d'abandonner et nos manques de confiance. La reconnaissance de ce que nous sommes et l'amour de soi apportent un baume à notre souffrance et permettent d'en guérir plus rapidement.

Cet amour de soi se transforme un jour ou l'autre en amour compassion. Aimer inconditionnellement la personne en face de soi, ce que je nomme aussi amour compassion, exige que nous ayons d'abord réussi à nous aimer totalement tel que nous sommes.

Quand nous réussirons à nous dire « Je suis parfait tel que je suis », l'acceptation et l'amour inconditionnel de l'autre seront possibles.

Nous pourrons alors rayonner l'amour compassion (l'amour des autres) qui est:

- un choix d'aimer l'autre personne comme si c'était moi-même,
- une capacité de me mettre dans les souliers de l'autre pour la comprendre et l'accepter telle qu'elle est,
- un désir qu'elle atteigne le bonheur et la réalisation,

- de même que le courage et la générosité de poser les gestes qui traduiront cet amour compassion.

Le temps et l'amour permettent la cicatrisation des blessures physiques et psychiques.

Où trouver de l'aide?

- Auprès des proches que vous sentez suffisamment solides pour vous accueillir, vous écouter, vous conseiller et vous réconforter,

- Auprès d'un centre d'aide aux victimes,

- Auprès de différentes associations concernant la problématique que vous vivez,

- Auprès des différents centres de crise,

- Auprès des centres d'écoute téléphonique appropriés,

- Auprès de psychologues ou de thérapeutes compétents dans ces problématiques,

- Auprès de sites Web pouvant vous informer tel que www.info-trauma.org Ce site donne de l'information sur le trauma, aux victimes, au grand public et aux professionnels de l'intervention.

Et vous, où en êtes-vous ?

- Croyez-vous être en état de stress post-traumatique ?
- De quelles perturbations souffrez-vous encore ?
- Vous sentez-vous un ou une survivant(e) ou plutôt une victime ?
- Quelles ressources intérieures avez-vous développées pour survivre ?
- Si vous souffrez de troubles de l'adaptation, quels symptômes mériteraient votre attention immédiate ?
- Qui peut vous aider dans votre entourage ?
- Si vous êtes de ces personnes qui ne demandent jamais d'aide, qu'est-ce qui vous empêche de demander l'aide dont vous avez besoin ?
- Quelle est la pire chose qui pourrait vous arriver si vous demandiez de l'aide ?
- Quelle est la meilleure chose qui pourrait vous arriver si vous demandiez de l'aide ?
- Quel sera votre premier pas?

Chapitre 5

De l'autre côté
de la rivière

« Mon corps et mon âme savent trouver le chemin de la guérison »

Comme je le mentionnais dans le chapitre précédent, le corps, dans sa perfection, utilise pour se rééquilibrer un mécanisme qu'on appelle homéostasie. Quand nous le laissons agir, il retrouve le chemin de la santé. Par contre, si nous le médicamentons, n'ayant pas à faire lui-même le travail, il risque fort de baisser les bras et de laisser l'agent extérieur faire le travail à sa place. Néanmoins, aucun élément extérieur ne peut le faire aussi bien et aussi parfaitement que lui. Quand le corps se rééquilibre, il ne produit pas d'effets secondaires à la manière des médicaments. Il interagit avec tous les systèmes qui le constituent en les utilisant à bon escient.

Je ne dis pas de ne jamais prendre de médicaments mais plutôt, d'en prendre le moins possible. Loin de moi l'idée de déconseiller l'utilisation de la médecine officielle. J'en ai eu moi-même besoin lorsque j'ai développé un cancer il y a quelques années et j'ai été très bien traitée et soignée. Les professionnels de la santé ont toujours respecté mes choix. Mon souhait serait plutôt que ces deux médecines, officielle et naturelle (naturopathie, ostéopathie, acupuncture, massothérapie etc.), se respectent et se complètent. Nous avons besoin des deux et je suis certaine qu'il serait possible qu'elles cohabitent avec plus de convivialité.

Notre être, constitué par le corps, l'esprit (notre mental et nos émotions) et l'âme, possède toutes les ressources intérieures pour se guérir quand il est malade. Lorsque nous vivons un événement potentiellement traumatisant ou une épreuve particulière comme un deuil, ou une perte matérielle importante, ou un problème relationnel ayant un impact majeur dans notre vie, ou un épuisement professionnel affectant notre image de soi, etc., la rivière tranquille de notre vie devient une rivière tumultueuse. Le pont à traverser se transforme alors en un pont de l'épreuve. Dans ces moments difficiles, plus ou moins longs, il est bon de nous comporter comme si nous étions en convalescence. Nous avons besoin de faire appel à toutes nos ressources internes pour soutenir ce gigantesque travail de réparation et de guérison. Le corps, l'esprit et l'âme doivent alors adopter des comportements qui contribueront à recouvrer la santé tant physique que psychique.

Les comportements de guérison qui ramènent la lumière et chassent l'ombre

Les comportements reliés au corps physique :

Une alimentation saine

Parce que ma grande amie est naturopathe[38], avec son consentement éclairé, je vous fais profiter de ses connaissances. Cette partie a donc été entièrement conçue par elle.

La vie qui nous anime, pour vaquer à toutes nos occupations tant physiques, psychologiques qu'organiques, puise sa source dans le capital d'énergie nerveuse qui nous habite. Cette énergie nerveuse, appelée aussi énergie vitale, se reconstruit durant nos périodes de sommeil, de sieste et de méditation profonde, dans le silence et

---

38 Sylvie Asselin, co-auteure du livre "Les quatre piliers de la vitalité" est naturopathe pratiquant une approche hygionomiste. www.sylvieasselinnaturoptahe.com

l'inaction. Par ces pratiques, nous emmagasinons de l'énergie vitale pour assurer le bon fonctionnement de tous les organes de notre corps. Cet immense travail quotidien demande le respect de l'équilibre entre les dépenses énergétiques et la récupération.

Une personne vivant un état de stress, relié à une période difficile ou aux impacts d'un traumatisme, sollicite de façon permanente son énergie vitale. Elle est aux prises avec de l'agitation mentale, des problèmes d'insomnie, une attitude pessimiste : elle est en état d'alerte constant. Un cercle vicieux s'installe et elle épuise rapidement ses réserves d'énergie nerveuse. Le corps, ayant pour mission de se garder en vie à tout prix, voyant les réserves d'énergie vitale s'épuiser, ralentit la distribution d'énergie et fait une sélection. Il est en état de crise. Il priorise les fonctions indispensables comme l'excrétion, la circulation sanguine, la respiration et l'échange nerveux, afin de se maintenir en vie. Il se concentre majoritairement sur le cœur et le cerveau.

Les activités moins importantes du corps comme la digestion, l'assimilation et la distribution des nutriments issus de l'alimentation (protéines, glucides, lipides, vitamines, oligo-éléments) seront alors absentes ou au ralenti. La personne vivant des troubles de l'adaptation ou un état de stress post-traumatique perd très souvent le goût de s'alimenter, cela étant relié aux organes des sens perturbés (la vue, le goût, l'odorat). Les fonctions d'élimination peuvent aussi être touchées, ce qui provoque une intoxication de l'organisme et une acidification majeure des tissus appelée aussi acidose des tissus.

Une alimentation génératrice de santé, reminéralisante et plus digeste est primordiale afin d'économiser son énergie et de maximiser la reconstruction physique et psychique.
Il est recommandé de consommer :

- des aliments plus liquides ou râpés ou broyés. Cela diminue les dépenses digestives et maximise l'assimilation et la distribution, en fonction de l'énergie de la personne.

- des aliments végétals : ceux-ci sont remplis de nutriments, de fibres et d'acides gras essentiels.

- des aliments générateurs de santé pour les collations : tels que des amandes, des noix de soya, des graines de tournesol, etc.

- des légumes crus et des germinations : ces aliments sont essentiels afin d'économiser le capital enzymatique déjà occupé à faire des heures supplémentaires.

- des fruits : ces très bons glucides sont de l'essence pour le véhicule corporel. Cependant, attention à bien les placer dans l'alimentation : 1h ½ avant de manger ou 2h ½ après le repas. Ils font de très bonnes collations.

- des oléagineux (famille des noix et des graines) ainsi que leurs bonnes huiles, première pression à froid et biologiques: à consommer tous les jours. C'est primordial pour respecter le ratio d'oméga 6 et d'oméga 3. Cette nourriture du cerveau, des glandes, du cœur et des autres organes contribue à garder l'équilibre.

Voici des suggestions de repas:

- smoothies, lait d'amandes avec fruits, lait de Soya Bio avec fruits, amarante avec lait d'amande,
- des potages avec des légumes variés colorés et du quinoa, des potages aux courges avec biscottes à la farine d'épeautre entière et des flageolets, soupe au tofu avec miso et algues aramés (des super aliments pour reminéraliser le corps),
- du pâté chinois aux lentilles, du tofu sur un lit de couscous au blé entier,
- des galettes de sarrasin avec mélasse verte.

L'alimentation est un pilier majeur de la santé globale : apprendre à bien vous nourrir, c'est décider de prendre soin de vous.[39]

La pratique régulière d'une activité physique[40]

C'est bien connu que la pratique d'une activité physique, malgré la dépense d'énergie associée à cet exercice, est génératrice d'énergie dans le corps. On sous-estime notre pouvoir d'action, notre capacité personnelle à nous mettre en mouvement pour retrouver notre vitalité ainsi que la capacité d'équilibre de tout notre être. Chacun des systèmes de notre organisme, aussi variés soient-ils, (sanguin, lymphatique, respiratoire, cardio-vasculaire, urinaire, génital, digestif, nerveux, endocrinien, musculaire, squelettique, articulaire, tégumentaire, immunitaire) demande un entretien et une reconstruction régulière afin que nous conservions une santé optimale. Raison de plus, lorsque nous sommes en période de reconstruction et de guérison. Nous avons donc le pouvoir de supporter le corps pendant cette période de récupération par la pratique d'exercices physiques sur une base régulière.

---

39 Merci Sylvie. Pour des cours en alimentation saine, consultez son site : www.sylvieasselinnaturoptahe.com

40 Pour en savoir plus sur la pratique de l'activité physique, consulter le livre "Les quatre piliers de la vitalité" Éditions Quebecor.

Une étude a été faite à l'université de Duke, auprès de patients déprimés, ayant entre cinquante et soixante sept ans et effectuant trente minutes de marche rapide trois fois par semaine. Cette étude a démontré que la pratique de l'activité physique produisait, après quatre mois, le même effet que la prise d'un antidépresseur. De nombreux effets positifs physiques et psychologiques, reliés aux impacts de l'exercice physique sur la santé, ont été découverts par des milliers de professionnels et de chercheurs.

Pour n'en nommer que quelques-uns, la pratique de l'activité physique:

- induit dans le cerveau une sécrétion d'endorphines, hormones aux propriétés antalgiques (anti douleur),
- fait que les gens qui la pratiquent régulièrement sont plus heureux, car ils retirent plus de plaisir des petites choses de la vie,
- augmente la qualité de défense du système immunitaire,
- améliore la distribution des sucres,
- augmente la capacité respiratoire,
- renforcit le muscle cardiaque et les autres muscles,
- permet de contrer les effets néfastes du stress, etc.

Décider de pratiquer une activité physique de façon régulière, c'est améliorer votre qualité de vie dans une période où votre corps global (corps, esprit et âme) est souffrant. Vous ne pouvez qu'en retirer des bienfaits. Il se peut et il est fort probable que cela vous demandera un effort. Cependant, soyez convaincu que cet effort portera des fruits de plus grand bien-être.

Le repos[41]

Quand notre corps vit du stress, plus particulièrement un grand stress aigu ou chronique, la seule façon de rebâtir son énergie nerveuse est de le mettre au repos.

Vous avez vécu dernièrement un événement potentiellement traumatisant, par exemple :

- vous avez été victime d'une agression,
- vous avez été témoin d'un accident mortel,
- vous avez été pris en otage lors d'un vol de banque ou témoin d'un événement violent au resto ou dans la rue,
- vous avez failli mourir lors d'une attaque cardiaque,

41Pour en savoir plus sur le repos, consulter le livre "Choisir la santé une belle façon de s'aimer" cité plus haut.

- vous avez failli perdre un enfant lors d'un accident,
- etc.

Vous vivez une situation très éprouvante et qui demande un grand investissement de vous-même, par exemple :

- vous avez un conjoint(e) qui souffre de la maladie d'Alzheimer et vous êtes seul aidant ou aidante,
- vous avez un enfant malade ou handicapé qui exige une grande dépense physique et émotionnelle,
- vous vivez un épuisement professionnel qui affecte votre image de soi,
- vous craignez de perdre votre emploi alors que vous êtes en difficulté financière,
- vous vivez le deuil d'un être cher ou même d'un animal auquel vous étiez très attaché,
- etc.

Cette situation difficile consomme de façon importante votre énergie nerveuse et vous devez tout faire pour rebâtir cette énergie, en vous reposant. Sinon, le stress vécu risque de devenir du surstress. En situation de surstress prolongé, l'organisme finit par se vider de toute son énergie nerveuse. Cet état génère la maladie et peut même aller jusqu'à la mort, la personne étant en état d'énervation constante[42]. Vous avez le pouvoir qu'il en soit autrement, il suffit de vous reposer.

Des façons de se reposer

Il y a plusieurs manières de se reposer. Sachez cependant que les trois seules façons de rebâtir l'énergie nerveuse sont : le sommeil, la sieste (qui comprend la relaxation) et la méditation (repos total du mental).

Le sommeil

Un sommeil adéquat est fondamental à tout être vivant. Il est réparateur.

---

42 Précisons ici qu'un état d'énervation n'est pas synonyme d'un état d'énervement. Ce dernier étant un manque de contrôle de soi pendant un certain temps tandis que l'énervation est une réduction de l'énergie vitale brimant le déroulement normal et harmonieux de l'ensemble des fonctions vitales de l'organisme.

" Le sommeil[43] consiste en un repos presque complet, non seulement parce que les muscles sont détendus mais parce que tous les organes travaillent moins, sauf les organes de digestion, d'assimilation et d'élimination en particulier, dont l'action se trouve ainsi, par compensation, portée à un plus haut niveau d'efficience. L'élimination des produits de déchets est augmentée en proportion de la qualité du repos organique et mental. "

En période de sommeil, le corps et l'esprit se réparent et se reconstruisent. Il existe un lien entre le sommeil et le système immunitaire : pendant la phase du sommeil profond, notre corps sécrète une variété de produits chimiques qui stimulent notre système immunitaire. Le sommeil fait partie du rythme naturel présent dans toutes nos actions et dans notre vie. Nous bouleversons ces rythmes naturels à nos risques et périls. Le stress les perturbe. De nombreux chercheurs attribuent la maladie et les troubles reliés au stress à cette perturbation de nos rythmes naturels.

Les amis du sommeil sont: l'exercice physique, l'air pur, le calme, la noirceur, la paix, l'amour, le silence, l'amitié, l'alimentation équilibrée et saine, le soleil, la verbalisation de nos émotions, etc.

Les ennemis du sommeil sont: l'absence d'activité physique, les problèmes hormonaux, la peur, l'anxiété, l'obésité, le stress, la surcharge de fatigue, une chambre mal aérée, trop de lumière, les disputes, le sentiment d'isolement, l'écoute d'une émission violente à la télévision, les lectures à caractère pessimiste, l'alimentation dénaturée, le café, les boissons gazeuses et/ou diètes, les jus sucrés, les sucres connus et cachés tels que aspartame et cyclamate, les colorants, les additifs alimentaires, la surconsommation d'aliments, les repas consommés trop tard, etc.

Au lieu de nous laisser choir dans notre lit, morts de fatigue, nous ferions bien de nous occuper un peu de nous avant de nous endormir. Nous efforcer d'avoir les idées claires et mettre de l'ordre dans nos pensées avant d'aller dormir devrait être aussi naturel que de nous brosser les dents. Si nous sommes avec un partenaire, nous devrions lui parler de tout ce qui nous tient à cœur. Si nous sommes seuls, cela fait du bien d'aller sur le balcon, d'ouvrir la fenêtre, de respirer l'air frais de la nuit ou de regarder les étoiles en faisant nôtre le calme que suscite la vue du cosmos. Si nous prenons notre temps, le mécanisme d'autorégulation de notre esprit commence de lui-même à travailler, à mettre de l'ordre et à se reposer.

---

43 Bohémier,Guy, N.D. *La naturopathie: science de la santé,* Document de cours, p. 50
Tiré du livre Les quatre piliers de la vitalité

La sieste

C'est la pratique de décontracter les muscles du corps au maximum et le pouvoir de faire le vide dans son esprit. Elle consiste essentiellement en un repos du cerveau et non en un sommeil absolu. L'être humain présente un minimum de performance intellectuelle et physique en début d'après-midi. Cette fatigue est universelle et ne demande pas le même type de récupération selon l'âge et la personne. La sieste se pratique donc le plus souvent en début d'après-midi, mais elle est recommandée à chaque fois que notre corps nous indique le besoin d'un repos mental : par exemple, quand les paupières deviennent lourdes, que les yeux clignotent, que les réflexes ralentissent, qu'il est difficile de prendre une décision, que le travail intellectuel devient pénible, qu'on est envahi par la tension nerveuse ou le stress, qu'on devient irritable, etc.

Il y a deux types de sieste selon la durée:
- celle de 30 minutes ou plus, appelée aussi relaxation profonde, souvent pratiquée couchée.
- celle de 5 minutes, souvent pratiquée assise, dans l'autobus, au travail, dans le parc, à l'école. Le processus est le même en un temps différent.

Les stress que vous vivez à travers votre épreuve, les émotions non exprimées pour ne pas déranger l'autre ou par peur d'être jugé et la fatigue accumulée génèrent des tensions neuro-musculaires qu'il vous faut apprendre à relâcher afin de permettre à l'énergie vitale de circuler plus librement.

La capacité à relaxer permet à votre organisme d'éliminer rapidement et automatiquement les tensions accumulées et les maux physiques reliés à vos tensions musculaires devenues trop souvent chroniques: les migraines, les douleurs au cou et aux épaules, les maux de dos et les crispations de toutes sortes. La relaxation permet d'acquérir plus de concentration et d'acuité, libérant ainsi votre cerveau pour une réflexion et une analyse plus constructive et valorisante. Elle favorise aussi une meilleure perception des événements. L'inactivité par la relaxation est un procédé de récupération par excellence. Elle est un état conscient, entre sommeil et éveil, pendant lequel les muscles sont relâchés. La circulation de l'énergie devient alors plus fluide.

Relaxer amène une détente intérieure qui rebâtit votre énergie nerveuse. Vous pourrez ainsi soulager la souffrance associée à l'événement difficile que vous vivez et vous pourrez atteindre plus facilement et plus rapidement l'étape de l'acceptation.

Relaxation pouvant être faite n'importe quand, n'importe où:

Fermez les yeux pour qu'il n'y ait aucune sollicitation visuelle. Inspirez lentement par le nez (sans forcer) et expirez lentement par la bouche. Détendez le visage, déplissez le front, desserrez les mâchoires, relâchez la langue, les épaules et le cou, desserrez les poings, passez en revue les lieux de tension dans votre corps et relâchez-les. Après avoir installé une détente musculaire, installez une relaxation mentale. Faites le vide dans votre esprit et laissez-vous habiter par le calme et la sérénité. Laissez passer les pensées sans les juger ni les questionner, soyez-en simplement conscient et abandonnez-vous à la détente et à la respiration.

La méditation

La pratique régulière de la méditation rend l'esprit calme et alerte, apaise le système nerveux, régularise le système endocrinien, améliore la digestion, l'assimilation et la distribution des nutriments. Elle peut stabiliser la tension artérielle, réduire le stress et l'anxiété, augmenter la créativité et contribuer à l'équilibre émotionnel. La pratique de la méditation nous apprend à mieux nous recentrer, à mieux cerner les situations devant lesquelles nous nous trouvons et à retrouver un sentiment de contentement et de paix intérieure. L'attention portée à la respiration et aux pensées qui vont et viennent oriente la conscience vers la vie intérieure et, ainsi, fait naître le calme et la sérénité.

Aussi longtemps que nous restons dans l'intellect, nous sommes inquiets et d'innombrables pensées s'agitent. L'inquiétude et l'agitation mentale sont le lot des pensées et des émotions.

La méditation est une excellente façon de faire taire le mental quand la « folle du logis » s'emballe et prend possession de nous. Prendre du temps pour nous arrêter et méditer quelques fois par semaine ne peut qu'être bénéfique.

Dan Millman[44] démystifie ainsi la méditation:

> " La méditation est une chose simple et ordinaire, mais la pratiquer est un défi
> infini qui exige vigilance et engagement pour pouvoir rester totalement
> conscient de ce qui se produit dans l'instant. S'asseoir en tailleur pour méditer
> n'a en soi rien de plus ni de moins spirituel que d'observer la façon dont vous
> marchez, mangez, respirez, faites de l'exercice, faites l'amour ou lacez vos
> chaussures. En fait, l'essence de la méditation, de l'illumination, est
> l'observation, l'attention. Ce qui rend un peu spécial le moment que vous
> réservez à la méditation, c'est que dans la vie quotidienne vous ne portez que
> très rarement votre attention sur quelque chose. Alors que dans la méditation,

---

[44]Millman, Dan. *Chaque jour l'illumination Se réaliser en douze étapes,*
p. 206

vous vous consacrez uniquement à cela. Lorsque vous prêtez votre totale attention à quoi que ce soit (ou bien à rien), cela devient une pratique spirituelle. "

Être totalement dans l'instant présent ou dans une activité faite avec passion est aussi un acte méditatif. Ceux ou celles d'entre vous qui êtes plus confortables dans l'action que dans l'inaction apprécieront pouvoir enfin méditer ainsi. Trouvez-vous une passion telle que : peindre, composer des poèmes ou des chansons, jouer d'un instrument de musique, jardiner, créer un vitrail, faire du tricot, écrire, etc. Toutes ces activités, occupant totalement votre mental, sont des actes méditatifs donc susceptibles de ramener le calme et la sérénité à l'intérieur de vous.

Comment méditer (dans l'inaction):

Nous pouvons donc méditer de multiples façons et vous aurez à trouver la technique qui vous convient. Si vous voulez méditer de façon traditionnelle, les principaux éléments suivants sont à considérer:

- Choisissez un lieu où vous ne serez pas dérangé et qui deviendra votre lieu de méditation. Vous y retrouverez une énergie vibratoire favorable à une intériorisation rapide.
- Essayez de méditer à peu près à la même heure chaque jour. Ainsi, votre corps développera une accoutumance à la méditation.
- Vous pouvez:
  - soit vous asseoir sur une chaise, les pieds à plat sur le sol et le dos droit,
  - soit choisir la position zen, assis sur vos talons avec des coussins ou sur un banc de méditation,
  - soit vous asseoir dans un fauteuil confortable,
  - soit prendre une position allongée, si c'est ce qui vous convient le mieux.
- Gardez les yeux fermés, ou entrouverts comme dans la méditation zen.
- Maintenez légèrement le bout de la langue en contact avec votre palais (aide à relâcher les mâchoires).
- Déposez un demi-sourire sur vos lèvres et sentez la joie intérieure et la bienveillance envers vous-même.
- Pratiquez la respiration abdominale: inspirez lentement par le nez en gonflant le ventre, faites une légère pause, puis, expirez lentement par le nez et laissez venir spontanément la prochaine inspiration.
- En inspirant et en expirant, vous pouvez porter attention à la qualité de l'air qui passe dans vos narines. Est-ce chaud ou frais?
- Concernant la durée de la méditation, choisissez si vous prédéterminez le temps avec un compte-minutes ou si vous laissez votre inconscient vous le manifester quand ce sera suffisant.

- Observez les pensées qui vont et viennent, ne les jugez pas et ramenez-vous simplement au silence intérieur.

Il arrive que nous ayons de la difficulté à nous centrer malgré l'attention portée sur la respiration. Ce qui peut aider alors est d'utiliser un geste de nos mains ou bien de permettre au corps de participer au rythme respiratoire. Par exemple, quand je joins les mains dans un geste de prière, il arrive que le calme s'installe plus facilement. Ma conscience, se plaçant à la fois sur la respiration et le geste, permet à l'intellect de trouver le calme. Quelquefois, quand je réussis vraiment à me connecter au calme profond à l'intérieur de moi, le corps (la colonne vertébrale), dans un mouvement ondulatoire, suit le rythme de ma respiration et je sens l'unité s'installer en moi. C'est alors un sentiment de grand calme et de paix intérieure.

Quand nous avons appris à nous centrer sur le moment présent par la pratique de revenir au silence intérieur, nous pouvons le faire aussi quand nous sommes envahis par les émotions difficiles d'un événement douloureux. Nous acquérons, par la pratique de la méditation, le pouvoir de rétablir le calme et la sérénité au-dedans de nous.

Savoir respirer

Je vous ai entretenu de l'importance de la respiration dans le chapitre 1. En voici un simple rappel. Lors d'un événement traumatique, la respiration a tendance à se bloquer. Si vous vivez un état de stress intense ou des troubles de l'adaptation, il est fort probable que vous ayez aussi tendance à respirer trop superficiellement, particulièrement quand vous ressentez des émotions désagréables. Quand ces émotions vous envahissent, principalement quand ce sont des émotions de peur, la respiration se bloque et vous restez ainsi suspendu dans l'émotion de peur. Le corps, par des mécanismes très sophistiqués, a enregistré cette mémoire émotionnelle de l'événement et vous met dorénavant en état d'alerte à la moindre occasion ressemblant à ce que vous avez vécu antérieurement. Il est donc important de porter attention à votre corps, tout particulièrement dans les situations de stress, afin de lui permettre de respirer adéquatement. Un corps qui respire mal devient tendu. Plus vous êtes tendu dans votre corps, plus vous êtes tendu aussi dans votre état intérieur. Et vice et versa : plus vous vous sentez tendu intérieurement, plus votre corps se tend physiquement.

La première façon de vous détendre complètement est de respirer profondément et lentement. Au début, il est bon de réapprendre, en utilisant vos mains posées sur votre ventre puis sur votre thorax pour bien les sentir se gonfler lors de l'inspiration. Puis, lors de l'expiration, sentez votre thorax et votre ventre se dégonfler. Quelques respirations ainsi et vous sentirez le calme revenir à l'intérieur de vous. Lorsque vous sentez l'émotion vous envahir, refaites cette respiration en y ajoutant une pensée ou un discours intérieur de calme et de sérénité.

Par exemple, en inspirant, vous vous concentrez sur votre ventre et votre thorax qui se gonflent puis en expirant, dites à l'intérieur de vous le mot « calme » ou « sérénité ». Faites-le plusieurs fois et, très certainement, l'émotion envahissante se changera en une émotion plus calme et sereine.

Quand je vais marcher, dépendant de l'endroit où je marche, j'ai besoin de renforcer mon sentiment de sécurité intérieure. J'utilise alors le rythme de ma respiration et une visualisation pour rétablir ce sentiment de sécurité. Quand j'inspire, j'imagine un cercle de lumière autour de moi et je dis, en pensée, le mot « lumière ». Puis, quand j'expire, je dis les mots « confiance » et « sécurité ». Cela m'aide à me sentir confortable et en sécurité. Cette technique a aussi pour but de faire taire le mental qui me ramène dans l'événement passé à la moindre occasion : une feuille tombe d'un arbre et le mental imagine que c'est quelqu'un qui arrive derrière moi. Voulant me protéger, il déclenche la sonnette d'alarme. Quand mon esprit est occupé à cette respiration/visualisation, il est moins agité et devient plus objectif.

Les comportements reliés au corps mental (esprit) :

Je vous disais donc que le mental automatique (associé au cerveau limbique), dans un désir de protection, se rappelle constamment les événements antérieurs à travers lesquels il a vécu des émotions douloureuses, cela afin de pouvoir nous éviter d'en souffrir encore. À la moindre occasion, il peut nous ramener dans ces émotions même si ça n'a aucun rapport avec l'expérience ou l'activité actuelle. Notre perception de la réalité devient donc faussée.

Pour comprendre la dynamique du mental[45], nous devons savoir que celui-ci peut être divisé en deux parties:

- le mental inférieur[46] : il appartient intrinsèquement à la personnalité et est intimement lié à la mécanique émotionnelle. Ce mental inférieur fonctionne

---

[45]Annie Marquier en parle abondamment dans ses deux livres : *La liberté d'être* et *Le Maître dans le Coeur*

[46]Les mots inférieur et supérieur ne veulent pas dire, ici, mauvais et bon. Inférieur fait une référence au physique (comprenant le physique, le mental et l'émotionnel) et supérieur, au spirituel (qui fait référence à l'âme).

comme un ordinateur, à partir d'automatismes du passé et des mémoires enregistrées dans l'inconscient.

- le mental supérieur : il est en contact direct avec le Soi supérieur. Il assure le lien entre la personnalité et l'âme. Il transmet à l'esprit l'information relative aux désirs et besoins de l'âme.

Les capacités mentales de l'être humain ne sont pas réduites à sa partie inférieure relevant du mental automatique (notre mémoire émotionnelle) relié à tous nos vécus passés. Il est tout aussi important de développer la partie supérieure du mental (le néo cortex) par le biais de nos connaissances, de notre ouverture d'esprit et de notre intelligence supérieure. Pour l'instant, nous nous attardons plus particulièrement à comprendre notre mental automatique (la partie inférieure du mental).

Le mental inférieur devient une source de problème quand l'une de nos expériences actuelles nous rappelle, quelquefois par un infime détail, une situation désagréable ou traumatisante du passé provenant, la plupart du temps, de notre enfance. La période de nos premières années de vie nous a parfois confrontés à des expériences douloureuses. Ces expériences vécues dans l'enfance constituent une partie de notre mémoire émotionnelle.

Les événements traumatisants ou éprouvants, s'échelonnant tout au long de notre vie, s'impriment aussi dans notre mémoire : les émotions, le contexte dans lequel nous étions, les sons, les odeurs, les particularités comme le jour de la semaine où ça s'est passé, etc. Ces souvenirs enregistrés par notre mental peuvent devenir source de rappels constants et venir fausser la réalité présente. De plus, lors de ces événements, nous développons très souvent des croyances qui, la plupart du temps, loin de nous faciliter la vie, nous limitent et restreignent nos choix par la suite.

En période de récupération et de guérison dans laquelle vous vous trouvez peut-être en ce moment, il est donc important de porter une attention particulière à votre mental c'est-à-dire à vos pensées. Il se peut que votre mental vous ramène dans des automatismes reliés à des événements passés et que votre perception de l'événement soit ainsi faussée ou du moins, teintée d'une expérience qui n'est pas actuelle.

Appropriés dans la situation passée, ces automatismes sont souvent nuisibles dans le présent car ils font que:

- vous confondez situation présente et situation passée,

- votre jugement et votre perception de la réalité sont faussés,

- votre réaction à l'événement est souvent inadéquate et disproportionnée,

- votre inconscient prend alors le contrôle de votre vie.

Pour devenir conscient de vos pensées, il n'y a pas trente-six solutions comme le dit l'expression populaire. Il s'agit de vous arrêter un moment pour évaluer :

- quel discours intérieur vous habite en ce moment, dans l'événement que vous vivez,
- comment vous percevez cet événement en rapport avec votre réalité actuelle,
- comment vous qualifiez votre réaction : adéquate pour ce que vous vivez ou disproportionnée?

Par exemple, prenons ma situation :

Je vais marcher dans un parc plusieurs fois par semaine, afin d'être en équilibre dans le facteur naturel de santé « Activité physique ». Les semaines suivant l'agression, j'ai remarqué que je ne regardais plus les personnes que je croisais en marchant. Et plus particulièrement quand c'était des hommes, je faisais très attention de ne pas croiser leur regard. En y réfléchissant, j'ai pris conscience que j'avais peur de croiser le même regard que celui de l'agresseur. Dans le souvenir que j'ai de cet homme, son regard est resté très présent. J'ai donc associé regard et danger d'agression. De plus, en ne regardant pas, je me dis qu'il y a moins de risque de provoquer une agression. Voyez- vous cette deuxième association ? Je regarde = je provoque = je suis responsable = je suis coupable. Le mental fait quelquefois de drôles d'associations!

Quand nous vivons un événement qui nous contrarie ou que nous considérons nocif et dangereux, nous cherchons d'instinct à nous protéger. Nous appelons ce système de protection un système de défense. Reconnaissons tout de même qu'il joue un rôle important et qu'il nous a bien servis très souvent. Le système de défense que nous remettons en question ici est celui qui ne nous est plus utile.

Ces défenses sont créées de toutes pièces par la partie de l'ego qui relève du mental inférieur, tel que décrit plus haut, et qui veut assurer notre survie. Il interprète les événements vécus et en constitue une mémoire active afin de nous protéger dans toute situation qu'il associera dorénavant à celle du passé qui nous a fait souffrir. C'est ainsi que se sont créés des automatismes de réponses : des peurs, des doutes, des incertitudes, des sentiments d'incompétence, des dégoûts, des agacements inexpliqués qui nous font répéter des attitudes et des comportements acquis lors de situations antérieures.

Un des petits détails que mon mental a enregistré lors de mon expérience est le regard. Alors, dans un instinct de protection, la pensée qui m'habite (croyance) est "Si je regarde un homme inconnu, ça peut être dangereux". En ne regardant pas, en faisant mienne cette nouvelle croyance, je crois me protéger d'une potentielle agression.

Donc, quand je n'ose plus regarder un homme inconnu :

- Je confonds la réalité présente avec la réalité passée. Marcher dans un parc où je rencontre plusieurs personnes, en l'occurrence des hommes, n'a pas de lien direct avec le fait que dans le passé, un homme m'a regardée puis agressée.
- Ma perception de ma réalité présente est donc complètement faussée. Je traîne avec moi l'insécurité vécue lors de l'agression, je la projette sur tous les hommes inconnus que je rencontre, jugeant « dangereux » le fait de marcher dans un parc.
- Ma réaction de crainte du regard de ces hommes est donc inadéquate et en quelque sorte disproportionnée. Celle de me sentir responsable de provoquer une agression l'est aussi. J'ai été victime, un jour, d'une agression et, sans rien y comprendre, je finis par me sentir responsable et coupable par surcroît.

C'est ce qu'on appelle la mécanique émotionnelle associée au mental automatique, fonctionnant comme un ordinateur à partir d'automatismes du passé et des mémoires enregistrées dans l'inconscient. Beaucoup de nos réactions sont associées à un événement désagréable ou traumatisant du passé où nous avons développé des croyances, dans le but de nous protéger et de nous éviter une souffrance future.

Le travail que nous avons à faire est donc de nous désidentifier de ce mental automatique et de faire taire son discours (sa croyance) quand il est inapproprié. Nous désidentifier veut dire que nous ne sommes pas notre croyance; nous avons une croyance et nous pouvons nous en départir car elle ne constitue pas notre identité. Nous pouvons vivre sans elle si nous le choisissons. Comment fait-on cela? C'est assez simple et un peu compliqué à la fois car il s'agit de croyances et d'automatismes logés dans notre subconscient.

Il y a un effort à faire pour les amener à la conscience.

- Prenez d'abord conscience de la réaction de votre mental (pensée ou pattern de comportement) qui vous nuit. Pour prendre conscience, il faut vous arrêter, faire silence à l'intérieur et à l'extérieur de vous, vous donner des moments de réflexion et d'introspection, vous interroger et vous remettre en question lors de certains comportements répétitifs ou automatiques. Si votre esprit est toujours occupé à écouter la musique ou la télé, à lire ou à parler, vous ne pourrez pas capter votre voix intérieure qui peut se faire entendre si vous la questionnez. J'ai pris conscience que je n'osais plus regarder les hommes que je croisais lorsque je me suis retirée pour lire et réfléchir. Je faisais un exercice du livre dont je vous ai parlé plus haut : "Quand la peur prend les commandes"[47]. C'est à ce moment-là que j'ai compris le lien. **La prise de conscience de ce que vous vivez et comment vous le vivez est le premier pas.**

- Dès que vous avez pris conscience que votre pensée ou votre réaction semble déconnectée de la réalité que vous vivez, arrêtez immédiatement (par un geste ou une parole) cette pensée ou ce comportement inadéquat. Choisissez d'arrêter un automatisme que vous ne voulez plus dans votre vie. C'est ce que j'appelle « Faire taire le mental quand il est inapproprié ». Vous venez de vous rendre compte que votre réaction n'est pas adéquate dans la situation présente ou que la pensée qui vous habite en ce moment, loin de vous servir, vous nuit pour le but que vous recherchez, alors reprenez le contrôle immédiatement de votre vie. **Choisir d'arrêter de vous laisser contrôler par vos peurs inconscientes est le deuxième pas.**

Je reconnais que ce n'est pas si simple qu'il le semble. Il faut de la pratique car nos croyances ne se découvrent pas facilement : elles sont la plupart du temps inconscientes. Nous devons creuser pour les découvrir. Si nécessaire, faites-vous aider par un professionnel.

- Puis demandez-vous : Quelle est mon intention? Qu'est-ce que je veux en ce moment? Qu'est-ce qui est le plus important pour moi dans la situation présente? Est-ce de continuer à souffrir ou bien de faire l'effort de changer afin de pouvoir atteindre mon but, afin de pouvoir actualiser mon intention? Qu'est-ce que je désire réaliser? Dans quel état est-ce que je veux me retrouver? **Préciser votre intention, votre besoin ou votre but est le troisième pas.**

- Enfin, décidez de choisir et d'affirmer ce que vous voulez en faisant fi du mental même si son but est celui de vous protéger. Une fois que vous avez pris conscience du discours du mental devenu inutile, que vous avez arrêté ce discours et que vous avez précisé ce que vous voulez, il s'agit maintenant de poser le geste qui produira le changement. Remerciez votre mental de vouloir vous protéger et dites-lui que c'est maintenant terminé. Vous désirez autre chose dans votre vie. **Choisir et agir est le quatrième pas.**

J'ai fait une expérience un jour. Je me suis retrouvée dans un état de frustration à la suite d'un événement que je qualifie de banal ou de peu d'importance. J'étais déçue de ne pouvoir aller montrer mon auto neuve à mon fils. N'est-ce pas que c'est plutôt banal quand on pense à toutes ces personnes qui supportent des situations de violence, d'agression ou de maladie grave? Je suis devenue désagréable avec mon

---

47Donnini, Evelyne, *Quand la peur prend les commandes Comprendre et surmonter le traumatisme psychologique*

conjoint, réagissant exagérément à une remarque qu'il m'avait faite. Prenant conscience de la raison de ma frustration et de la banalité de cette raison, j'ai décidé de changer d'humeur. J'ai déclaré à voix haute les mots suivants: "Je choisis de quitter mon état de frustration pour retrouver ma joie." À ma grande surprise, ma joie est revenue instantanément. J'étais ébahie de la simplicité et de l'efficacité de cette déclaration. J'ai alors compris viscéralement que nous avons toujours le choix et que l'état de souffrance ou de joie que nous ressentons dépend des choix que nous faisons. Pour réussir à faire le bon choix, il s'agit d'être conscient de l'émotion ou de la pensée qui nous habite et de décider ce que nous voulons en faire si elle ne nous convient pas.

Je vous donne un autre exemple où j'affirme une intention et je pose un geste pour distraire le mental. Quand je viens ici, chez les Recluses, en période d'écriture, je vais marcher dans le bois à côté où il y a plusieurs sentiers de randonnées pédestres. Ces sentiers sont beaucoup moins fréquentés que celui où je marche près de chez-moi. Je suis donc confrontée à une émotion d'insécurité, amplifiée depuis l'agression. Je dois vivre avec ça et trouver le moyen de le contrôler. Je ne vous cacherai pas qu'il m'arrive encore de tourner la tête pour vérifier si je suis suivie ou si quelqu'un, et plus particulièrement un homme, approche. J'ai trouvé un truc très simple et qui remplit bien le rôle de diminuer la tension intérieure et de distraire complètement la pensée de peur qui habite mon mental à ces moments. Je chantonne des airs connus ou j'invente une chanson. J'ai souvent participé à des sessions de chant thérapeutique [48] où nous improvisions des airs et des mots sur ces airs. Quelquefois, nous chantions en utilisant une langue inventée. C'est très puissant pour nous apprendre le lâcher-prise. Alors je m'inspire de ce que j'ai appris en chant thérapeutique pour distraire mon mental et ça marche. De plus, le temps passe beaucoup plus vite quand on chante. C'est un sentiment de joie assuré, ça développe ma créativité et le cœur pompe plus rapidement. C'est donc d'une pierre cinq coups. Essayez-le si vous êtes mal pris avec un mental qui s'acharne à vous ramener en arrière ou à vous maintenir dans des sentiments d'inquiétude ou d'insécurité.

Les comportements reliés au corps émotionnel (esprit):

Le mental et les émotions sont tous deux des parties intégrantes de l'esprit. Ils s'influencent continuellement. Ce que nous ressentons déterminent nos pensées et le type de pensées que nous entretenons influence les émotions que nous ressentons. Des pensées plutôt négatives engendrent des émotions à tonalité vibratoire basse (peur, colère, tristesse, etc.) et des pensées plutôt positives engendrent des sentiments à tonalité vibratoire haute (joie, enthousiasme, sérénité, etc.).

48Lise Roy, musicothérapeute www.home.primus.ca/liseroy/

Tout comme notre mental, c'est-à-dire nos pensées et nos croyances, nos réactions émotionnelles sont très souvent reliées à nos expériences passées. Nous avons commencé à ressentir dès le moment de notre conception. Puis, nous avons été un fœtus sensible à ce que vivait sa maman. Nous avons grandi en expérimentant l'amour et le sentiment de ne pas être aimé, la joie et la peine, le plaisir et la colère, l'attachement et le désir d'indépendance.

Puis vint la période scolaire où nous avons expérimenté d'autres vécus heureux et malheureux et, enfin, l'âge adulte où les expériences ont continué et continuent encore à s'accumuler et à nous façonner. Tout ce passé où notre mémoire émotionnelle, qu'on ne peut dissocier de notre mental, a engrangé, a accumulé des souvenirs et a appris à se protéger! Chacun de nous a développé une manière de ressentir et de vivre ses émotions selon son histoire personnelle. Ce passé et ce présent constituant notre histoire nous influencent donc quand nous vivons des traumatismes ou des événements difficiles. Selon l'équilibre émotionnel acquis, nous pouvons traverser ces crises émotionnelles plus ou moins confortablement. On ne peut jamais être confortable dans une situation où on vit de la peur, de l'impuissance, de la colère ou de l'inquiétude. Cependant, cette situation ne nous anéantira pas si nous sommes habituellement en équilibre émotionnel, du moins pas trop longtemps.

En voulant définir ce qu'est l'équilibre, j'ai trouvé le synonyme « stabilité ». Je l'ai donc défini ainsi : être en équilibre émotionnel, c'est réagir avec maturité et stabilité, la plupart du temps, en ce qui concerne nos vécus émotionnels.
Cela ne veut pas dire que nous ne réagissons plus intensément ou que nous sommes devenus incolores et ennuyeux.

La maturité émotionnelle, c'est savoir ressentir et nommer l'émotion que je vis, au bon moment, à la bonne personne et de la bonne façon … la plupart du temps.

Ne vous méprenez pas, ça peut paraître simple mais c'est tout un contrat que je vous propose, car la plupart d'entre nous n'avons pas appris à le faire.

Si vous aviez à répondre, à cet instant précis, à la question suivante : "Comment vous sentez-vous maintenant? ", quelle serait votre réponse? Je vous demande de ne pas répondre ceci : "Je me sens bien ou je me sens mal". Tentez de trouver une ou plusieurs émotions précises qui qualifient bien ce que vous ressentez en ce moment.

Moi-même, il m'arrive fréquemment de devoir chercher dans ma liste interne d'émotions pour exprimer comment je me sens. Il m'arrive aussi de devoir faire un effort pour me relier à l'autre par le biais de l'émotion. Bizarrement, pour certaines personnes, il y a une part de réconfort à s'isoler et à ne pas dire. Nous nous plaçons alors dans une position de victime. Vous savez, il y a plusieurs façons de jouer à la victime. Ce n'est pas seulement en se plaignant et en essayant d'attirer l'attention. Il y a bien d'autres façons et vous devrez trouver vous-mêmes comment, parfois, vous vous maintenez dans un rôle de victime. Par exemple : quand vous rendez l'autre responsable de vos malheurs, n'est-ce pas une manière de vous victimiser?

Culturellement, nous n'avons pas appris de nos parents et de nos éducateurs à ressentir et à dire ce que nous ressentons. Ils nous ont plutôt appris à refouler, à nous distancer de nos émotions et, plus particulièrement, en ce qui concerne les émotions qui les confrontaient, comme la colère par exemple. Il n'est pas surprenant que nous ne sachions plus comment ressentir.

Quand enfant, nous vivions une émotion qui nous amenait dans la souffrance et que cette souffrance se répétait et se répétait encore, nous avons su d'instinct nous en dissocier pour ne plus la ressentir. Nous dissocier de l'émotion, c'est couper le ressenti. Nous devenions froids comme de la glace et nous ne ressentons plus rien. C'est ainsi que nous nous sommes aussi coupés d'informations importantes telles que: ce que nous aimions, ce que nous désirions, ce qui nous déplaisait, de quoi nous rêvions, etc. Devenus adultes, nous ne savons donc plus, très souvent, quels sont nos besoins et ce qui nous plaît ou nous déplaît, car nous avons pris l'habitude, enfants, d'aimer ou de choisir en fonction de l'autre, cet autre étant la plupart du temps notre parent. Comme c'était moins souffrant de faire plaisir à l'autre plutôt que de ressentir des émotions désagréables, nous nous sommes dissociés (coupés) de ces émotions, choisissant la facilité et souvent la survie.

Nous avons maintenant à nous reconnecter à notre ressenti agréable ou désagréable. Les émotions que nous ressentons servent à nous donner de l'information sur nous et nos besoins :

- Une émotion agréable nous indique que nos besoins sont comblés. Elle nous permet de mieux nous connaître : ce qui nous plaît, nous inspire, nous motive. Nous devenons plus conscients de nos qualités, de nos forces et de notre potentiel.
- Une émotion désagréable nous informe qu'un besoin n'est pas comblé, que nous vivons de l'insatisfaction, que quelque chose nous déplaît ou nous enlève de l'énergie.

Quel est donc ce besoin manifesté par mon émotion?

Est-ce un besoin physiologique comme : dormir, manger, me vêtir, bien respirer, etc.?

Est-ce un besoin de sécurité au niveau de : ma santé, mon intégrité physique, ma sécurité financière ou au travail, un toit pour m'abriter, etc.?

Est-ce un besoin social : de contacts, d'échanges, d'appartenir à un groupe, d'avoir ma place, etc.?

Est-ce un besoin d'estime : de moi-même, de me sentir aimé, reconnu, apprécié, etc.?

Est-ce un besoin d'autoréalisation : de m'accomplir, de me réaliser, de créer, de me développer, etc.?

Est-ce un besoin spirituel : de trouver un sens à mon existence, de me relier à plus grand que moi, de trouver l'unité en moi, de ressentir la paix et la sérénité intérieure, etc.?

Quand nous avons identifié le besoin relié à l'émotion désagréable ressentie, nous devenons responsables de répondre à notre besoin. Prendre la responsabilité de nos émotions désagréables donc de nos besoins non comblés, c'est ressentir et nommer l'émotion, identifier le besoin non comblé et trouver les solutions (100% sous notre contrôle) pour le satisfaire.

Voilà le chemin de guérison que je vous propose. Pour y arriver, voici quelques activités possibles :

Prendre la responsabilité de vos besoins

Si vous avez besoin de vous reconnecter à votre ressenti, de réapprendre à être à l'écoute de vos états émotifs pour pouvoir les nommer, d'identifier votre besoin et en prendre la responsabilité, voici ce que je vous suggère.

Pensez à ce que vous vivez actuellement, à ce qui est difficile et prend beaucoup de place dans votre vie. Quand vous l'aurez trouvé, écrivez-le sur une feuille, mettez-la ensuite de côté et faites cet exercice :

- Faites place au silence intérieur en installant un certain silence extérieur (téléphone débranché, aucune musique, isolé dans une pièce pour ne pas être dérangé, etc.). Réservez-vous au moins quinze minutes.

- Prenez une position d'intériorisation, soit en fermant les yeux, soit en imaginant un espace à l'intérieur de vous, soit en baissant la tête vers votre cœur où souvent nous ressentons.

- Écoutez comment l'émotion vous parle : est-ce une tension ou une sensation physique, un discours intérieur, une image, un ressenti, un mot?

- Si c'est une sensation physique, demandez-lui de vous livrer son message : que veut-elle vous dire? Que vous ne prenez pas suffisamment soin de vous? Que vous ne vous écoutez pas assez? Qu'il est temps de tourner la page?

- Accueillez ce qui est là, sans le juger ou vous juger, contemplez simplement ce qui émerge et remerciez pour ce privilège de ressentir enfin.

- Si vous ne ressentez pas d'émotion, faites « comme si » et demandez-vous : "Si je ressentais une émotion, ce serait quelle émotion? Si je savais quelle émotion je ressens, quelle serait cette émotion?" Faites appel à votre inconscient qui sait.

- Ressentez, le plus intensément possible, l'émotion qui émerge. Prenez bien le temps de la ressentir malgré qu'elle soit douloureuse.

- Puis, nommez l'émotion que vous ressentez :
  « En ce moment, je ressens de .... ».

- Découvrez maintenant, à travers cette émotion désagréable, le besoin cherchant à être comblé. Il s'agit souvent de la partie de soi qui a été abandonnée ou cachée à soi-même et aux autres.

Par exemple, le besoin de vous sentir important face aux autres. Demandez-vous alors: "Est-ce que je me trouve important à mes propres yeux? Si oui, comment je fais pour me le démontrer?" Une réponse honnête à cette dernière question évitera que vous vous mentiez à vous-même. C'est facile de répondre : "Oui, bien sûr que je me trouve important". Si vraiment vous vous sentez important, vous saurez comment vous vous le manifestez. Vous n'aurez pas besoin de chercher longtemps. Sachez que les autres ne vous trouveront pas important tant que vous ne vous trouverez pas vous-même important à vos propres yeux.

- Tentez de comprendre le message de votre émotion : quels sont les liens avec votre vie actuelle et passée? Que comprenez-vous de ce que vous avez besoin de changer dans votre vie? Quelle est la partie qui appartient au passé et que vous ne désirez plus dans votre vie? Quelle partie de vous mériterait d'être dévoilée? Qu'avez-vous abandonné en chemin? Vos rêves? Votre besoin de vous épanouir dans la créativité? Le plaisir d'entretenir une belle amitié?

- Trouvez maintenant la direction d'action qui émerge naturellement (le chemin à prendre). Qu'est-ce qui pourrait répondre à votre besoin? Quelle est la meilleure action à prendre pour devenir responsable de votre besoin? Si vous aviez une baguette magique, quelle solution apparaîtrait spontanément devant vos yeux? Quel sera votre premier pas?

- Choisissez d'agir, de changer, de prendre le chemin qui se présente à vous après cette introspection, en vous engageant par écrit ou de vive voix devant une personne qui a de l'importance à vos yeux. Écrivez ou parlez de la décision que vous avez prise, de ce que vous ferez à partir de maintenant.

Si vous vous investissez dans cet exercice, vous en retirerez de grands bénéfices. Il est complet et vous permet d'expérimenter toutes les étapes de la prise de responsabilité de vos besoins. Après que vous aurez fait cet exercice, écrivez sur votre feuille ce qui est le plus important que vous reteniez et faites-en part à quelqu'un en qui vous avez totalement confiance. Ce sera votre premier pas pour l'actualiser.

Exercices d'écriture

Voici le deuxième type d'activités que je vous propose sur votre chemin de guérison. Ce sont différentes activités d'écriture.[49]

L'écriture libre et spontanée

L'écriture est un excellent moyen de transcender les émotions reliées à un passé douloureux, à une personne par laquelle on a souffert, à un événement traumatisant ou à une épreuve à laquelle on est confronté en ce moment. C'est un acte d'amour et de confiance en soi.

L'écriture libre et spontanée permet :

- de ramener à la mémoire des faits que vous avez consciemment ou inconsciemment refoulés dans votre inconscient,

- de découvrir et de préciser les désirs et les besoins qui vous habitent et qui ont été enfouis profondément en vous,

- de dépasser votre Être apparent pour enfin laisser vivre votre Être réel[50],

- d'amener à la conscience des mémoires douloureuses afin de vous en libérer,

---

49Ces activités s'inspirent du livre "La guérison par l'écriture" de Jean-Yves Revault

50L'Être réel reflète vos aspirations et vos besoins énergétiques qui viennent du plus profond de vous-même alors que l'Être apparent est l'image convenable que vous avez appris à montrer pour mériter le droit d'évoluer librement dans le groupe (votre masque).

- d'accepter ce que vous portez en vous,

- de partager le poids du passé, ce qui fait que vous n'êtes plus seul à le porter,

- d'enregistrer dans vos cellules une autre issue aux scènes du passé que vous retraversez.

Selon Jean-Yves Revault, il y a cependant des conditions à respecter si vous voulez que cette activité soit porteuse de guérison :

- passer un pacte avec vous-même pour vous autoriser à l'avance à lâcher prise et à oser vous laisser aller complètement dans l'écriture,

- ressentir réellement les émotions que vous auriez dû ressentir ou que vous vous êtes refusé de ressentir (ce doit être une écriture plus émotionnelle que mentale),

- vous autoriser à consigner le plus de détails possibles pour que ce soit encore plus libérateur,

- écrire à la main et non avec un clavier : l'authenticité passe par la main, par l'écriture scripturale (à cause de l'implication de tous vos corps, tant physique que mental, émotionnel et spirituel),

- vous permettre de passer par la tempête avant d'accorder votre pardon,

- partager vos écrits est essentiel. L'acceptation de soi passe par le regard d'acceptation de l'autre. C'est la preuve que vous vous acceptez vraiment si vous osez vous dévoiler devant le regard de l'autre. L'autre devant être, cependant, une personne en qui vous avez une totale confiance et avec qui vous vous sentez complètement bien.

Lettre symbolique[51]

La lettre symbolique à une personne en particulier permet de rétablir la justice et de réparer la dévalorisation de soi ressentie et liée au fait que vous n'avez pas pu réagir au moment de l'événement. Le fait d'exposer par écrit les faits vécus vous ramène à une certaine objectivité et à une vision plus large de la réalité, ce qui engendre une diminution de votre souffrance. Cependant, pour aucun prétexte elle ne devrait être envoyée à la personne visée.

---

51 Merci à Louise pour avoir rendu cet exercice plus complet.

- Elle ne doit s'adresser qu'à une seule personne et être nominative,
- elle doit être écrite avec le cœur et le ventre,
- elle doit contenir des propos affirmatifs et ne laisser aucune place à l'incertitude,
- elle doit passer en revue tous les événements douloureux qui ont marqué la relation,
- elle doit poser la nouvelle conclusion que vous souhaitez installer en vous,
- elle sera plus efficace si elle est lue par quelqu'un en qui vous avez une confiance absolue.

Il est possible de compléter l'exercice en écrivant, dans un deuxième temps, la réponse qu'on souhaiterait recevoir. Puis, dans un dernier temps, quand on est vraiment prêt, écrire une dernière lettre à soi-même dans laquelle on se donne tout le réconfort et l'amour souhaités.

Lettre à son enfant intérieur

C'est l'adulte en vous qui décide de prendre soin de son enfant blessé pour lui manifester qu'il est compris, qu'il n'est plus seul dorénavant et que vous l'aimez d'un amour inconditionnel. Cette lettre peut être très réparatrice. De plus, elle vous aide à prendre la responsabilité et la direction de votre vie à partir de maintenant.

Pour ceux d'entre vous qui vous sentez attirés par l'écriture, vous avez maintenant plusieurs choix. Je vous encourage fortement à utiliser au moins une de ces activités d'écriture. Il s'agit d'un exercice de guérison, donc, d'une façon de prendre soin de vous. Pour ceux qui ne sont pas particulièrement attirés par l'écriture, ce serait intéressant de l'essayer quand même. Les résultats pourraient vous étonner. Quelle belle thérapie que l'écriture!

Quelques conseils pour rendre cette activité d'écriture agréable et productive pour votre connaissance de soi :
- Trouvez votre moment favorable. Selon les personnes, le moment propice est le matin, dans la journée, le soir ou même la nuit. Néanmoins, c'est préférable de choisir un moment où vous aurez suffisamment de temps devant vous. Un minimum de trente minutes est souhaitable. Ce moment réservé n'empêche pas de toujours avoir sur vous un crayon et un papier afin de noter les idées qui passent.
- Planifiez un moment et un endroit où vous ne serez pas dérangé. Vous aurez ainsi toute la liberté requise pour contacter vos émotions quelles qu'elles soient, sans avoir peur d'être surpris à un moment douloureux de votre expérience.
- Autorisez-vous à écrire n'importe quoi et n'importe comment, afin de laisser libre cours au flux énergétique d'une écriture spontanée. Il sera toujours temps de mettre votre texte au propre, si vous le désirez.

- Permettez à votre ombre et à votre lumière de s'exprimer librement. Accueillez et accepter tout ce qui veut s'écrire, sans le juger. Cette preuve d'amour de vous-même sera très profitable.
- Ne craignez pas d'écrire le plus de détails possibles à propos des événements qui reviennent à la mémoire. Ce sont souvent ces petits détails, pourtant bien enfouis, qui réactivent la blessure. Plus vous les ramènerez à votre mémoire, en prenant soin d'y associer les ressentis, plus rapidement vous vous en affranchirez.
- Prenez l'habitude de relire vos écrits quelques jours ou semaines plus tard. Tentez d'être le plus neutre possible et relevez certains lapsus ou certaines expressions utilisées. Observez simplement les mots, les tournures de phrases, les intonations, les propos négatifs ou positifs, etc., afin d'ajouter un éclairage supplémentaire.

Les comportements reliés au corps spirituel (âme) :

Nous sommes des êtres globaux et le plan spirituel est important. Comme je l'ai mentionné antérieurement, la partie supérieure de notre mental, en l'occurrence l'esprit dans ce qu'il a de plus pur, fait le lien entre notre personnalité et l'âme. Il traite l'information relative aux désirs et besoins de l'âme, cette étincelle divine qui se manifeste à travers notre personnalité (l'ensemble des systèmes mental, émotionnel et physique que nous appelons aussi ego). Nous avons donc besoin de contacter cette partie divine en nous et de nous y relier afin de mieux la comprendre, découvrir ses besoins et la développer.

Nous avons chacun notre façon de contacter notre âme, la partie de nous qui nous nourrit spirituellement. Pour ma part, je l'ai beaucoup fait par le biais de ce que je vous ai raconté au chapitre 3 : ma recherche de sens à travers la méditation, à travers le point de vue de mes guides, à travers l'astrologie évolutive et à travers la thérapie en régression. L'astrologie évolutive nous dévoile une partie de notre Plan de vie et la thérapie en régression nous ramène dans les expériences de vies passées vécues par notre âme et que nous avons besoin de retrouver.

Puis, j'ai senti le besoin de pardonner, non seulement à l'agresseur mais aussi à moi-même. Me pardonner d'avoir fui plutôt que d'avoir osé affronter l'agresseur et m'imposer à lui par la force de ma parole. Me pardonner aussi de n'être pas encore complètement libérée des sentiments d'insécurité renforcés par cette expérience traumatisante.

Habituellement quand nous sentons le besoin de pardonner à quelqu'un, nous pouvons être certains que nous avons aussi des choses à nous pardonner. Le pardon est un peu plus complexe qu'il ne paraît. Avons-nous pardonné une fois pour toutes? Je crois plutôt qu'il existe une intensité dans le pardon. Quelquefois je me demande si mon pardon est total[52] et je ne trouve pas encore la réponse. Ce que je sais, c'est que je n'ai pas de ressentiment pour cet homme et que je me sens la plupart du temps en paix avec cette expérience. Le bien-fondé et le gain à retirer du pardon sont de se faire du bien à soi-même. La rancune, le regret, la colère, le désir de vengeance, toutes ces émotions qui nous rongent et nous privent de notre énergie, nous causent beaucoup de souffrance intérieure. Quand nous réussissons à comprendre que, nous nourrir de ces émotions de basses fréquences nous immobilise, nous empêche d'évoluer et cause notre souffrance physique et psychique, le pardon devient nécessaire. Il s'impose à nous.

Peut-être avez-vous besoin d'aide pour contacter ou pour découvrir la spiritualité qui pourrait vous faire du bien, dans l'expérience difficile que vous vivez en ce moment. Ouvrez-vous simplement, demandez à votre Famille d'Âmes de vous indiquer la voie à suivre. Les personnes susceptibles de bien vous guider sur ce plan se présenteront sur votre chemin. C'est comme ça que ça se passe. Souvenez-vous des synchronicités : vous attirez ce que vous avez besoin d'expérimenter.

Parmi les gestes de guérison posés dans les semaines qui ont suivi l'événement, il y en a un qui orne maintenant mon jardin, à l'endroit précis où s'est passée l'agression. J'ai planté un arbuste du nom de « Viorne ». C'est après l'avoir planté que j'ai fait le lien avec son nom et que je me suis dit qu'il honorait bien la vie que j'avais conservée. Malgré que j'aie eu un cancer du sein plusieurs années auparavant, je n'avais jamais senti, comme dans cet événement, que j'étais une survivante. Ce Viorne, dont les fleurs sont magnifiques au printemps, remplit bien son rôle de célébrer la vie plutôt que la mémoire triste d'un événement qui s'est passé à cet endroit précis. Nous appelons ces gestes, des ancrages positifs. Ces ancrages nous permettent de nous relier plus facilement à nos buts et à nos objectifs. Dans ce cas-ci, mon but était de faire de cet événement malheureux un événement constructif et évolutif. Chaque jour, cet espace de mon jardin est visible à mes yeux. Il me fallait donc le nettoyer et le transformer en beauté. En plus du Viorne, chaque année au printemps, une jonquille semée par le vent pousse sur le lieu de l'événement. Quel beau clin d'œil de la Vie!

Sur le plan spirituel, je vous propose trois gestes de guérison. Ce sont des techniques qui s'inspirent de la PNL (programmation neurolinguistique). Lisez attentivement chacun des exercices avant de les pratiquer, plusieurs fois s'il le faut, pour bien en comprendre le processus et les étapes. Vous pouvez aussi demander à un ou une amie de vous accompagner dans ces exercices.

---

52 Une amie m'a suggéré un livre. Voici la référence : Le pouvoir du pardon total de Colin C. Tipping, traduction de Olivier Vinet, Guy Trédaniel Éditeur.

Le cercle de ressources[53]

1. Tout d'abord, trouvez un moment ou un endroit où vous serez seul, afin de jouir de toute la tranquillité dont vous avez besoin. Prévoyez environ quinze à vingt minutes.
2. Installez-vous debout et respirez profondément et lentement jusqu'à ce que vous vous sentiez détendu. Portez attention aux parties de votre corps où vous sentez de la tension ou une douleur et expirez longuement dans ces régions tendues ou douloureuses. Vous pouvez, pour amplifier l'effet de détente, dire ou penser lors de l'expiration, les mots détente et calme.
3. Lorsque vous sentez que vous êtes suffisamment détendu, souvenez-vous d'un moment de votre vie où vous vous êtes senti pleinement en possession de certaines qualités que vous cherchez à retrouver (comme la confiance, la force, le courage, la détermination, la sécurité, etc.). Nous appelons ces qualités, des ressources intérieures.
4. Lorsque vous avez retrouvé le souvenir de cette expérience précise, ressentez, le plus intensément possible, ces ressources qui vous habitent. Impliquez aussi votre corps en prenant une position d'excellence, c'est-à-dire que vous êtes en ce moment, à votre meilleur, à tous les points de vue (tête haute, dos droit, épaules détendues, respiration profonde, etc.). Quand vous sentez que c'est le maximum de ressenti que vous pouvez atteindre, faites un ancrage dans votre corps.

Un ancrage est un déclencheur qui réveille automatiquement un souvenir enfoui dans la mémoire. Il associe un stimulus externe à une expérience interne spécifique. Quand vous voudrez vous connecter au même état ressenti lors de cette expérience, vous n'aurez qu'à déclencher le stimulus utilisé pour ancrer votre ressenti (tel que toucher le pouce et l'index d'une main ou des deux mains, ou croiser vos bras sur votre cœur, ou croiser les deux mains, etc.)

5. Vous maintenez donc pendant 15 à 20 secondes, ce ressenti de vos ressources, dans votre position d'excellence, ancré dans votre corps.
6. Cessez maintenant l'ancrage et ce ressenti spécifique, puis, visualisez par terre, devant vous, un cercle d'environ trois pieds de diamètre. Visualisez bien la forme de votre cercle, la couleur, la texture et tout autre détail que vous voulez y rajouter.
7. Quand vous l'avez bien visualisé, faites un pas en avant (réellement et non seulement en pensée) pour entrer dans votre cercle d'excellence. Prenez votre position d'excellence, retrouvez le ressenti des ressources associées à l'expérience où vous vous sentiez en pleine possession de vos ressources intérieures. Puis, appliquez votre ancrage et imprégnez-vous de cet état intérieur pendant quelques secondes.

---

53 Le mot « ressources » est synonyme ici de qualités

8. Sortez maintenant de votre cercle d'excellence et refaites-le plusieurs fois jusqu'à ce que vous retrouviez automatiquement votre physiologie d'excellence dès que vous entrez dans votre cercle.

<u>Résumé de l'exercice</u>

- Moment et endroit tranquille,
- Position debout et respiration lente et profonde,
- Souvenir d'un moment de votre vie où vous vous êtes senti en pleine possession des ressources intérieures que vous recherchez en ce moment,
- Ressenti, position d'excellence et ancrage,
- Maintien pendant quinze à vingt secondes,
- Visualisation d'un cercle d'excellence, par terre devant vous,
- Entrée dans le cercle d'excellence,
- Ressenti, position d'excellence et ancrage,
- Sortie du cercle et entrée dans le cercle plusieurs fois pour créer un automatisme.

Le transfert de ressources

Maintenant que vous savez retrouver vos ressources intérieures, je vous propose d'apprendre à les transférer à une expérience négative que vous avez vécue, afin que vous retrouviez à nouveau un état intérieur agréable lorsque vous le désirez.

1. Tout d'abord, trouvez un moment ou un endroit où vous serez seul afin de jouir de toute la tranquillité dont vous avez besoin. Prévoyez environ trente minutes.
2. Installez-vous confortablement et respirez profondément et lentement jusqu'à ce que vous vous sentiez détendu. Portez attention aux parties de votre corps où vous sentez de la tension ou une douleur et expirez longuement dans ces régions tendues ou douloureuses. Vous pouvez, pour amplifier l'effet de détente, dire ou penser lors de l'expiration, les mots détente et calme.
3. Lorsque vous sentez que vous êtes suffisamment détendu, souvenez-vous d'une expérience douloureuse ou désagréable dans laquelle vous vous sentiez sans ressource ou dans laquelle vous avez perdu votre état de ressources.
4. Imprégnez-vous quelques instants du sentiment désagréable que vous avez ressenti lors de cette expérience ou que vous ressentez actuellement après cette expérience douloureuse.
5. Quittez maintenant cet état de non ressource et réfléchissez aux qualités dont vous auriez eu besoin pour vivre cette expérience différemment et de façon satisfaisante (par exemple, de la joie intérieure, de la patience, de la détermination, de la persévérance, un sentiment de sécurité intérieure, etc.).

6. Quand vous avez trouvé ces qualités, cherchez pour chacune de ces qualités, un moment dans votre vie où vous avez fait preuve de cette qualité. (Par exemple, si c'est le sentiment de sécurité intérieure, trouvez un événement de votre vie où vous avez fait preuve de sécurité intérieure). Quand vous avez retrouvé ce moment, imprégnez-vous intensément, pendant quelques secondes, du ressenti relié à cet événement où vous ressentiez fortement ce sentiment de sécurité intérieure. N'oubliez pas de faire un ancrage, dans votre corps, de cet état de ressources. Faites ainsi pour chacune des ressources dont vous auriez eu besoin.

Il s'agit maintenant de revivre l'événement désagréable identifié au début de l'exercice en y introduisant ces nouvelles ressources.

7. Retournez, en pensée, quinze minutes avant l'événement désagréable en question et imprégnez-vous intensément des qualités dont vous auriez eu besoin et que vous avez déjà expérimentées dans votre vie. Ressentez fortement leur présence en vous, puis, revivez l'événement désagréable en vous sentant en pleine possession de ces qualités requises pour vivre l'événement différemment et à votre entière satisfaction.
8. Prenez le temps de revivre cet événement dans le détail, en visualisant bien la scène, en utilisant le discours intérieur approprié aux ressources que vous maîtrisez parfaitement et en ressentant intensément cet état de ressources intérieures qui vous permet de vivre l'événement différemment et à votre entière satisfaction.
9. Quand vous sentez que c'est suffisant, reconnectez-vous à votre respiration et terminez l'exercice en prenant trois respirations profondes afin de sceller les transformations qui se sont opérées en vous.

Dorénavant, s'il vous arrive encore de sentir un état de non-ressource relié à un événement désagréable passé ou à une épreuve présente que vous vivez, refaites cet exercice. Refaites-le plusieurs fois et vous vous reconnecterez de plus en plus rapidement à vos ressources intérieures. Quand cet automatisme sera créé, vous n'aurez qu'à utiliser votre ancrage et vous sentirez à nouveau votre état de ressources vous habiter. Vous quitterez la tristesse pour retrouver la joie, vous laisserez aller l'insécurité pour recouvrer un état de sécurité intérieure, vous abandonnerez votre révolte afin que puisse émerger un état de sérénité intérieure.

Résumé de l'exercice

- Moment et endroit tranquille,
- Respirations lentes et profondes,
- Souvenir d'une expérience désagréable ou douloureuse,
- Ressentis liés à cette expérience, pendant quelques secondes seulement,

- Ressources intérieures dont vous auriez eu besoin pour vivre différemment cette expérience,
- Moment de votre vie où vous avez vécu chacune de ces ressources, avec le ressenti associé et ancrage,
- Retour quinze minutes avant l'événement désagréable vécu,
- Ressenti des ressources intérieures requises pour vivre différemment l'expérience,
- Revécu de l'événement désagréable avec les nouvelles ressources et ancrage,
- Fin de l'exercice par trois respirations pour sceller les transformations.

Un pont vers le futur[54]

Je vous propose un dernier exercice où vous vous propulserez dans le temps, dans une vision où vous avez réussi à transcender l'épreuve. Cette visualisation vous aidera à construire votre présent positivement.

- Prenez une position confortable, assise ou couchée. Fermez les yeux et prenez le temps de bien respirer. Observez votre respiration, écoutez avec sensibilité chacun des muscles de votre corps. Dirigez votre souffle là où vous sentez une tension afin de réchauffer et de relâcher cette partie tendue. Vous pouvez inviter vos guides ou un Être de Lumière à vous accompagner dans cette expérience. Si vous ressentez une inquiétude ou une insécurité, entourez-vous d'un halo de lumière dorée. Connectez-vous à l'Intelligence énergétique universelle, ou à votre Source, ou à votre partie divine et remerciez à l'avance pour les cadeaux que vous recevrez à travers cette expérience.
- Maintenant que vous sentez votre corps détendu et réceptif à l'expérience, vous allez vous projeter dans le temps comme si vous aviez vieilli de trente ans. Vous êtes un homme ou une femme d'âge mûr, épanoui(e) et heureux(se). Prenez quelques minutes pour bien vous visualiser dans ce personnage qui a traversé les années et qui a maintenant acquis une grande sagesse.
  Quel âge avez-vous? Que portez-vous comme vêtements? Vivez-vous seul, entouré de vos enfants ou de personnes que vous aimez et qui vous aiment? Comment occupez-vous votre temps? Quels sont les sentiments heureux qui vous habitent et que vous ressentez la plupart du temps? Prenez quelques instants pour simplement ressentir ce bonheur tranquille et cette paix de l'âme. Respirez profondément dans ces sentiments de bien-être et de satisfaction.
- Pensez maintenant aux événements du passé et aux différentes épreuves que vous avez traversées. Pensez plus particulièrement à une épreuve qui a marqué votre vie ou qui a été très difficile à traverser. Souvenez-vous des sentiments éprouvés, des pensées qui vous habitaient et des peurs qui vous paralysaient. Rappelez-vous

---

54Cet exercice s'inspire d'un exercice du livre « *Quand la peur prend les commandes comprendre et surmonter le traumatisme psychologique* » de Evelyne Donnini p. 227

comment vous vous êtes battu et comment vous avez combattu pour vous en sortir. Et rappelez-vous surtout de ce qui vous a aidé à surmonter cette épreuve, des ressources intérieures et extérieures que vous avez su déployer pour traverser le pont qui surplombait cette rivière tumultueuse. Vous avez trouvé les ressources pour vous en sortir et vous en êtes sorti plus fort et grandi. Vous avez même su en retirer des apprentissages, des leçons de vie qui ont fait de vous la personne que vous êtes maintenant. Prenez bien le temps d'identifier ces apprentissages faits à travers cette épreuve … "J'ai appris à ….. et à … " Reconnaissez et honorez ce que vous êtes devenu.

- Remerciez pour avoir su utiliser cette expérience comme une opportunité et un cadeau de la vie. Appréciez le chemin parcouru et aimez ce que vous êtes devenu. Reconnaissez les ressources intérieures que vous avez développées grâce à cette expérience et qui font maintenant votre fierté. Imprégnez-vous intensément de ces ressources qui sont vôtres. Ressentez bien votre personnage dans toute sa beauté.

- Pour terminer, remerciez pour l'accompagnement reçu et prenez le temps de finaliser cette expérience de la façon qui vous convient. Puis, quand votre visualisation sera complète, prenez trois grandes respirations, ouvrez les yeux, bougez vos mains, vos bras et sentez bien vos pieds sur le sol.

Si vous le désirez, prenez quelques minutes pour consigner dans votre journal de bord, un résumé de ce que vous avez visualisé afin de pouvoir le relire de temps en temps et en conserver les bienfaits.

Vous avez maintenant quelques outils que vous pourrez utiliser pour supporter votre corps dans son travail d'homéostasie et ainsi retrouver un état de santé global satisfaisant.

Comment parvenir à vivre les événements comme des opportunités

Quand il nous arrive des épreuves telles que l'annonce d'un diagnostic potentiellement mortel ou d'une maladie chronique chez soi ou chez un proche, ou la perte d'un emploi, ou le deuil d'une personne très proche, nous subissons un choc tout comme le traumatisme vécu lors d'une agression. Les réactions physiologiques et psychiques peuvent se ressembler, tout dépendant bien sûr, de l'ampleur de l'épreuve et de la gravité du traumatisme. Dans chacun des exemples cités, nous avons à trouver comment nous adapter à la situation qui se présente à nous et surtout comment la voir comme une opportunité d'évolution. Je vais terminer ce chapitre en développant ce concept d'opportunité. Je crois sincèrement que de réussir à vivre ces événements comme des opportunités, malgré qu'il soit difficile de le voir ainsi, peut faire une grande différence.

En changeant votre perception de ce que devrait être la Vie

Nous naissons, puis, nous faisons diverses expériences à partir desquelles nous développons des croyances et une vision de la vie. Nous nous créons des attentes par rapport à ce que devraient être nos relations et la vie en général à la suite de la première relation vécue, celle avec nos parents et plus spécifiquement celle avec notre mère, notre toute première relation. En fait, c'est plus complexe que ça, me direz-vous, et avec raison. Il est vrai de dire que beaucoup de nos bonheurs et de nos problématiques dépendent de cette première relation. Si nous avons été plutôt heureux et que nos parents ont été des modèles de souplesse, notre vision de la vie s'adaptera à la manière du roseau qui plie facilement sous la poussée du vent. Si dans le passé nous avons eu des expériences plutôt malheureuses, que nos parents nous ont donné un modèle de rigidité et que nous en gardons des sentiments d'amertume et de regret, il se peut que nos attentes face à la vie soient très grandes et que nous lui en demandions beaucoup. Notre vision de la vie, alors, ressemblera plutôt au vieux chêne fort et solide qui ne plie sous aucune poussée du vent. Il reste droit et rigide. Si notre vision de ce que devrait être la vie est aussi rigide que le vieux chêne, il ne reste plus de place pour l'imprévu et le changement, et surtout pour notre développement.

Viennent alors les batailles internes et externes pour faire arriver ce que nous voudrions voir arriver : soit que nous nous acharnions à maintenir des situations ou des états intérieurs qui ne nous satisfont plus, soit que nous nous battions pour faire arriver les événements de la façon que nous pensons être la meilleure pour nous. Il est bon, en soi, de se battre pour défendre nos convictions. Quelquefois cependant, il vaudrait mieux lâcher prise et laisser les événements nous montrer le chemin à prendre. Repensez à l'Intelligence énergétique universelle et aux synchronicités. Quand nos pensées et nos visions sont trop rigides, nous ne pouvons pas voir la synchronicité. Celle-ci devient effective et réelle si nous pouvons l'amener à la conscience. Si nous ne la voyons pas, alors nous avons perdu une opportunité. Ce qui nous empêche de voir les synchronicités, ce sont les habitudes ancrées, les insécurités, la peur du changement, l'orgueil de notre ego qui veut avoir raison et gagner, le doute, le manque de silence intérieur et extérieur, la volonté de faire arriver les événements de la façon que nous croyons la meilleure pour nous, etc.

Pensez à votre Vision de la vie et questionnez-vous maintenant :

- Est-ce qu'il arrive souvent, occasionnellement ou jamais, que certains événements viennent confronter mes attentes et ma Vision de la vie?
- Est-ce que je réagis plutôt à la manière du chêne ou du roseau?
- Si je suis plutôt rigide comme le chêne, quel premier pas puis-je faire pour m'assouplir et profiter ainsi des synchronicités?

En révisant votre interprétation de la situation

Les facteurs qui influencent l'interprétation que nous faisons d'un événement sont reliés à l'organisation particulière de notre personnalité, à notre bagage expérientiel, aux mécanismes de défense que nous privilégions, à nos valeurs individuelles, au sens que nous donnons à cet événement, etc. Ces situations stressantes et difficiles à vivre peuvent être vécues très différemment d'une personne à l'autre. Traverser un pont suspendu peut s'avérer un stress énorme pour une personne, alors que cette même expérience peut s'avérer très excitante pour une autre. Les deux vivent un stress mais la première sera peut-être à la limite de la détresse. Il y a fort à parier que vous n'avez pas choisi la situation qui vous cause du stress actuellement. Cependant, vous avez du pouvoir sur votre perception de cette situation et vous pouvez choisir de l'interpréter différemment.

Si vous percevez que vous êtes incapable de faire face à cet événement, votre corps par une décharge biochimique, réagira automatiquement en se préparant à attaquer ou à fuir. La décharge biochimique se produit, que la menace de danger soit réelle ou non. Si vous croyez la menace réelle, c'est comme si elle le devenait pour votre corps. Il y a une expression en PNL qui dit: comme si = c'est. Donc, le stress est bien réel même si le danger est imaginaire ou potentiel.

Et si, au contraire, vous révisiez votre interprétation en vous disant par exemple "C'est difficile et j'en ai vu bien d'autres" ou "Je ne comprends pas pourquoi ça m'arrive maintenant, mais, je choisis de faire tout de même confiance et de me mobiliser pour faire face à ce qui est" ou "Un jour à la fois et voyons ce que ça m'apportera", etc." Vous aurez à trouver votre propre discours intérieur, celui qui vous encouragera et qui vous fera interpréter la situation plutôt positivement que négativement.

Prenons un exemple des plus simples :

Situation : dernièrement, un nouveau chat s'est présenté à la porte de mon patio en miaulant à fendre l'âme et à attendrir le cœur le plus endurci.

Ma perception de la situation : j'ai déjà cinq chats que j'ai accueillis, pour la plupart, afin de les sauver du froid, de la famine ou pour faire plaisir à nos petits-enfants qui ne pouvaient plus les garder. Un sixième chat n'est pas le bienvenu car j'en ai presque trop. Maintenant, quand nous voulons partir en vacances, nous devons trouver une gardienne pour nos chats.

Cette perception de la situation est-elle aidante? Pour mon âme qui a une affection particulière pour les chats : non. Pour ce chat mourant de faim : non.

Autre interprétation de la situation qui pourrait être plus encourageante : je ne suis pas obligée de garder ce chat. Si je le nourris, quand il ira mieux, je pourrai le donner et rendre quelqu'un très heureux.

À la suite de cette nouvelle interprétation mon premier pas est de le nourrir pendant quelques semaines afin de le sauver. Mon deuxième pas : je cherche quelqu'un à qui le donner ou je le garde parce que je m'y suis attachée à un point tel que je ne peux plus m'en séparer.

Pensez à une situation qui mériterait que vous révisiez votre perception de la situation et questionnez-vous maintenant :
- Quelle est ma perception de cette situation?
- Est-ce que cette interprétation est aidante?
- Si elle ne l'est pas, quelle autre interprétation pourrait être plus encourageante en ce moment?
- Quel premier pas puis-je faire à la suite de cette nouvelle interprétation?

En acceptant que ça puisse être souffrant

Avez-vous déjà vu un enfant grandir sans qu'il ne soit tombé ou qu'il n'ait pleuré une seule fois? Les chutes, les blessures, les échecs et les victoires sont inhérentes à l'activité « se développer ». Personne n'y échappe. S'il en est ainsi pour le corps physique, il en est de même pour nos autres corps, tant mental et émotionnel que spirituel. Les blessures du cœur et de l'âme font tout autant souffrir et finissent souvent par se transposer dans le corps physique quand on ne les soigne pas. Apprendre à les ressentir, en conscientiser les messages et transcender ces blessures du cœur et de l'âme, en faisant les changements nécessaires, évitera que la maladie s'installe.

Il est cependant utile de réfléchir au fait que plus nous résistons et tardons à les écouter et à les transformer, plus ces blessures intérieures nous font souffrir. Il s'agit souvent d'arrêter de se battre contre des évidences ou des situations que nous combattons parce que nous ne comprenons pas.   Si vous attendez le moment où vous aurez totalement compris pourquoi ça vous arrive, vous risquez de souffrir longtemps peut-être. Accepter la douleur de l'inacceptable, de l'incroyable ou de l'injustice apparente fera que vous comprendrez probablement plus rapidement. Si vous êtes ouvert à l'entendre, le sens de ce qui vous arrive apparaîtra nécessairement un jour ou l'autre.

Pensez à une situation difficile que vous aimeriez pouvoir accepter et questionnez-vous maintenant :
- Qu'est-ce qui me fait le plus souffrir actuellement?

- Est-ce que je résiste en ce moment et à quoi? Qu'est-ce que je n'accepte pas?
- Qu'est-ce qui m'empêche d'accepter?
- De quelles ressources ai-je besoin pour mieux accepter? (du courage, de la confiance, de la patience, etc.)
- Quel premier pas puis-je faire pour accepter?

En vous entourant de personnes aidantes

Quand la vie devient vraiment trop difficile, il faut savoir reconnaître que nous avons besoin d'aide et demander cette aide. Comme nous l'avons vu dans les chapitres précédents, le corps a la capacité de s'adapter à des situations nouvelles. Cependant, quand l'adaptation est trop difficile et trop longue, il faut économiser notre réserve d'énergie nerveuse et trouver les solutions qui feront diminuer la tension et le stress vécus. Quelquefois, nous pensons que les solutions qui nous seront proposées ne nous conviendront pas et nous nous empêchons de faire appel à l'autre. Vous devrez faire preuve de souplesse et de lâcher-prise pour accepter de faire confiance aux aidants. Et vous aurez besoin de croire que « le mieux vous arrivera » dans l'actualisation de votre Plan.

Heureusement, plusieurs d'entre vous avez ces aidants dans votre entourage. Ce sont les membres de votre famille, vos amis, quelquefois des voisins et les professionnels de la santé. Ces aidants peuvent toutefois vous paraître plus ou moins judicieux. Il faut vous assurer qu'ils le soient, afin que vous vous sentiez en sécurité et en confiance. Ils sont judicieux quand ils sont accessibles et adéquats, quand leur influence est positive et quand leurs actions répondent vraiment et le plus possible à vos besoins. Ils s'avèrent moins judicieux quand ils brillent par leur absence ou que leur présence est inappropriée (influence négative) et insuffisante.

Cependant, il arrive que les aidants présents ne vous semblent pas suffisamment significatifs ou que vous les jugiez inadéquats malgré qu'ils soient en fait judicieux. C'est parfois difficile de faire confiance et d'accepter que les choses soient faites par quelqu'un d'autre que soi. Très souvent aussi, parce qu'il est plus facile de donner que de recevoir, vous tardez à demander l'aide de ces personnes. Vous reconnaissez-vous dans cette situation?

Pensez à votre situation actuelle et questionnez-vous honnêtement :
- Même si c'est difficile pour moi de demander, est-ce que ce serait pertinent et nécessaire que je reçoive de l'aide?
- Si je demandais de l'aide, à qui pourrais-je m'adresser?
- Quel premier pas puis-je faire en ce sens?

En voyant ce qui est positif dans toute expérience

Nous pouvons, à la fois avoir la croyance que tout arrive pour une raison et en même temps, avoir de la difficulté, au tout début, à trouver une seule petite chose qui soit positive dans l'expérience actuelle. Quand les émotions ressenties sont désagréables et même violentes, comment trouver du bon? Il faudra alors travailler fort et y croire pour en trouver. Rassurez-vous, c'est possible. Peut-être pas le premier jour mais, plus vous accepterez et chercherez honnêtement, plus il y a de chances que vous en trouviez. Et si vous ne trouvez pas, demandez à votre inconscient de vous aider. On ne le sollicite pas assez cet inconscient qui cumule des trésors de connaissance. Il peut se manifester dans les rêves, dans une synchronicité, dans une intuition, à travers une personne inconnue que vous croisez, à travers une chanson, à travers un texte que vous écrivez. Vous serez étonnés du résultat si vous demandez.

Dans le livre dont je me suis inspirée plus haut[55], il y a un exercice qui m'apparaît pertinent si vous aspirez à trouver de nouveaux éléments de compréhension. Il s'appelle « L'écriture primitive ». Il s'agit de choisir cinq mots au hasard dans cinq séries de mots-clés et de vous laisser inspirer pour écrire un texte à partir de ces mots. Le « hasard » faisant bien les choses, vous trouverez certainement des éléments de réponse qui vous éclaireront. Vous trouverez l'exercice à l'annexe 6.

Pensez à votre situation actuelle et questionnez-vous :
* Qu'est-ce qui pourrait bien être positif dans cette situation?
* Si vous n'en trouvez pas, essayez ceci : "Si je voyais du positif dans cette situation, qu'est-ce que ce serait" ?
* Quel premier pas puis-je faire pour amplifier ce positif, si petit soit-il ?

En vous maintenant dans l'instant présent

Avez-vous remarqué comment nous sommes rarement dans l'instant que nous vivons, trop occupés à regretter ou à savourer le passé, ou trop projetés dans le futur? Pourtant, le seul instant sur lequel nous ayons du pouvoir est l'instant présent. D'ailleurs, il ya plusieurs livres qui le confirment.   Alors dites-moi, pourquoi nous maintenons-nous dans cette mauvaise habitude d'aller dans le passé ou le futur plutôt que de vivre tout simplement ce que nous avons à vivre à l'instant même? Parce que l'instant est trop difficile me direz-vous? Pourtant, en le fuyant, nous prolongeons cet instant difficile, car nous reportons sans cesse la leçon à apprendre. L'instant présent est là pour nous enseigner et nous refusons son enseignement, prétextant que ce qui s'est passé hier était bien mieux et que ce qui se passera demain sera

---

55"La guérison par l'écriture" de Jean-Yves Revault, p.148

probablement encore bien mieux. Ce thème m'a été inspiré par mon fils qui me racontait, dans sa sagesse, qu'il s'efforçait d'être entièrement présent à ce qu'il avait à faire plutôt que de s'inquiéter des autres problèmes de sa vie qui l'attendaient en soirée ou le lendemain. Sauf, me disait-il, si c'était des pensées qui l'inspiraient (comme un projet de création par exemple) et qui le mettaient dans un état de joie accompagnant bien son présent. Il se permet alors de s'en nourrir pour améliorer son présent. Pas mal comme philosophie de vie, n'est-ce pas?

En acceptant de vivre ce qui se présente à vous, de poser les gestes sans procrastiner, c'est-à-dire sans remettre à demain ce que vous pourriez faire aujourd'hui, vous passerez à travers les situations beaucoup plus rapidement et votre souffrance durera moins longtemps. À moins que vous n'ayez une partie victime en vous, qu'il vous est difficile d'abandonner!!!

Repassez dans votre tête la journée d'hier et questionnez-vous :
- Sur une échelle de 10, à combien j'évalue la qualité de ma présence à l'instant à vivre? (10 étant totalement présent)
- Plus concrètement, ai-je tendance à être dans mon passé ou dans mon futur?
- Est-ce que ça me nuit ou pas?
- Quel premier pas puis-je faire pour vivre totalement le moment présent ?

En changeant les croyances qui vous empêchent de vous adapter et de transformer l'épreuve en opportunité

À la lumière des propos développés dans ce livre, vous savez maintenant que vous êtes habités par des croyances qui facilitent votre vie et des croyances qui, loin de la faciliter, vous nuisent. Il s'agit de bien prendre conscience de ces croyances limitantes, car si vous voulez pouvoir traverser votre pont, il faudra d'abord les abandonner pour en adopter d'autres plus aidantes. Ces croyances limitantes pourraient ressembler à ceci :
- Je ne suis plus en sécurité nulle part.
- Il n'y en a pas de facile dans la vie.
- Je ne peux plus faire confiance à personne.
- Les hommes sont tous dangereux.
- Ça ne sert à rien de me battre car, de toute façon, je suis condamné.
- Ma mère réagissait comme ça et moi aussi je réagis comme elle.
- Quoi que je fasse, les médecins m'ont dit qu'il n'y avait plus rien à faire.
- C'est trop difficile et je n'aurai pas la force de passer au travers.
- Etc.

Il est évident que ces pensées et ces généralisations, créées par votre mental pour vous protéger, ne vous aident pas à avancer actuellement. Voyons comment vous pourriez les transformer pour qu'elles soient aidantes plutôt que nuisibles.

Par exemple,
- La croyance « Je ne suis plus en sécurité nulle part » pourrait devenir « Je suis en sécurité dans la plupart des endroits où je vais » Vous honorez ainsi votre vigilance et vous élargissez vos possibilités.
- La croyance « Il n'y en a pas de facile dans la vie » pourrait devenir « Il est vrai que je vis actuellement des moments difficiles mais je vis aussi des moments heureux ». Cette croyance limitante, entendue peut-être de vos parents, ne vous est pas utile, pas plus qu'elle ne l'a été pour vos parents, d'ailleurs.
- La croyance « C'est trop difficile et je n'aurai pas la force de passer au travers » pourrait devenir « C'est difficile, cependant, j'ai plusieurs fois eu la force de dépasser les difficultés que je vivais ». Ce qui est certainement vrai et vous l'avez démontré.

Pensez à une problématique en particulier et questionnez-vous simplement :
- Quelle est la croyance la plus nuisible pour moi dans cette situation?
- En quelle croyance facilitante pourrais-je la transformer pour générer la motivation dont j'ai besoin?
- Quel premier pas puis-je faire dans cette situation, maintenant que j'ai une nouvelle croyance qui me supporte?

En vous offrant des petits plaisirs qui font du bien

Souvenez-vous de votre enfance et rappelez-vous les gâteries que vous donnaient vos parents quand vous vous étiez fait mal ou que vous aviez réussi un exploit. Moi, ils me donnaient un cornet de crème glacée acheté chez la voisine qui avait un dépanneur.

Remémorez-vous et tentez de ressentir l'excitation, la joie ou le bonheur vécu à ce moment-là. Vous pouvez comprendre maintenant l'importance de ces petits plaisirs qui font oublier les grands malheurs que nous vivons. Il suffit de peu quelquefois : une pause café avec son amoureux ou son amie, la lecture d'un chapitre de livre qui nous apaise, quelques minutes de jeu avec son animal de compagnie, un bon bain chaud, l'écoute d'un CD de relaxation ou d'une visualisation, l'achat d'un vêtement, une nouvelle coupe de cheveux, une marche sur le terrain, une soirée avec ses amis gars ou filles, etc. La liste peut s'allonger à l'infini. Il suffit de le planifier, et surtout, de croire que ce plaisir est aussi important pour soi que pour l'autre qui me le demanderait.

Pensez à votre situation actuelle et questionnez-vous :
- Aurais-je besoin, en ce moment, d'un petit plaisir qui me ferait du bien?
- Puisque c'est très certainement « oui », qu'est-ce qui, tenant compte de mes moyens, m'apporterait le plus de réconfort?
- Quel premier pas puis-je faire pour me l'accorder?

En vous reliant à votre Famille d'Âmes, à Dieu, ou à toute autre nomination qui vous inspire

Une des conditions qui contribue à développer une problématique physique ou psychique est le fait de vivre les événements difficiles de notre vie dans l'isolement. Nous avons besoin de nous relier et de ne pas nous sentir seul, particulièrement quand nous souffrons. La plupart d'entre nous, heureusement, ne vivons pas ces événements difficiles dans l'isolement. Il arrive, par contre, que nous nous sentions seuls, malgré que nous soyons accompagnés par nos proches. Il se peut et il est probable que dans ces moments de solitude intérieure, si nous réussissons à nous relier à plus grand que soi, à nous connecter à la partie divine de notre être et à demander l'aide de notre Famille d'Âmes, nous nous sentions très réconfortés par cette présence intérieure et subtile qui nous accompagne.

Pensez à votre situation actuelle et questionnez-vous simplement :
- Est-ce que je vis un sentiment de solitude?
- Qui pourrait combler cette solitude?
- Ai-je besoin de me relier à plus grand que moi?
- Quel premier pas puis-je faire pour combler ce besoin relié à mon âme?

Il arrive parfois que les jours anniversaires d'événements ayant été difficiles à accepter soient des jours où la tristesse se pointe le nez.

Profitons plutôt de ces jours anniversaires pour honorer :
- la vie qui nous habite encore,
- la victoire du positif sur le négatif,
- la détermination et le courage dont nous avons su faire preuve,
- nos petits bonheurs quotidiens,
- l'amour des personnes qui nous entourent,
- notre amour infini pour nos enfants et nos proches,
- la joie que nous apportent nos animaux,
- la liberté dont nous jouissons,
- et encore, et encore, et encore.

Et vous, où en êtes-vous ?

- Comment gérez-vous votre reconstruction sur le plan physique (alimentation, activité physique, repos, respiration) ?
- Lequel de ces facteurs naturels de santé mériterait votre attention immédiate ?
- Sur le plan mental, nommez deux pensées ou croyances qui nuisent actuellement à votre guérison ?
- Comment pourriez-vous transformer ces croyances ?
- Nommez un comportement automatique qui fausse votre perception de la réalité et rend votre réaction inadéquate ou disproportionnée ?
- Jusqu'à maintenant, qu'avez-vous trouvé pour distraire ou faire taire votre mental inapproprié ?
- Sur le plan émotionnel, dans la situation difficile vécu actuellement, quelle est l'émotion principale que vous ressentez ?
- L'avez-vous exprimée à vos proches ?
- Quel principal besoin demande à être respecté ?
- Avez-vous besoin de contacter votre partie spirituelle ?
- Si oui, comment la contactez-vous?

Conclusion

Quand nous sommes au cœur de la traversée de nos rivières tumultueuses, notre premier réflexe est souvent de trouver un responsable ou un coupable pour les souffrances associées à cette traversée. Pourtant, combien il serait apaisant de tout simplement dire Oui à l'Intelligence énergétique universelle qui a orchestré cet événement afin que nous réalisions notre Plan de vie.

Pour y arriver, il nous est demandé d'abandonner nos certitudes pour nous ouvrir à la voix de notre âme, d'accepter de perdre nos anciennes croyances pour adopter une nouvelle vision et un nouveau regard, de quitter notre zone de confort pour faire confiance à l'insécurité, de choisir de traverser ce pont aboutissant à notre chemin de vie. C'est le chemin de l'évolution menant à la paix et à la sérénité intérieures, accordées à ceux qui font confiance et choisissent de dire Oui.

Je vous invite à apprécier le chemin parcouru, à honorer et aimer la personne que vous êtes devenue et à reconnaître votre détermination et votre courage dans le combat que vous avez mené jusqu'à maintenant. Cette rivière à laquelle vous faites face en ce moment, je vous souhaite sincèrement d'en faire la traversée le plus sereinement possible. D'autres rivières se présenteront sur votre route et vous aurez d'autres ponts à franchir. Sachez que vous n'êtes jamais seul et que votre âme, par le biais des synchronicités, vous apporte les ressources nécessaires au bon moment et attire dans votre vie, si vous le lui demandez, les personnes aptes à vous supporter.

Soyez en totale confiance en cette Intelligence énergétique universelle qui vous accompagne.

Que vos traversées soient source d'évolution et de fierté!

Épilogue

Il était une fois[56] une fée qui, dans un élan d'amour et d'un coup de baguette magique, avait choisi de venir sur terre pour égayer les petits « bambino ». Elle avait quitté le royaume des fées, sachant très bien qu'elle y reviendrait un jour pour continuer son existence de fée. Elle n'était pas partie parce qu'elle était malheureuse ou parce qu'elle se querellait avec ses sœurs fées. Non,

---

[56]J'ai construit cette métaphore pour amener une nouvelle vision de la réalité. Les métaphores recadrent et redéfinissent une situation. Elles suggèrent des solutions en évitant les résistances du mental. Elles permettent à la personne de comprendre à partir de l'intérieur et de faire des liens avec sa situation. Vous permettre de vous laisser toucher par l'histoire racontée dans la métaphore et la relire plusieurs fois est très thérapeutique.

elle était comblée au pays des fées : la vie était facile, le soleil y brillait tous les jours, tous ses désirs et ses rêves se réalisaient en un clin d'œil de baguette. Elle filait le parfait bonheur. Non, elle ne quittait pas son royaume par dépit mais parce qu'elle avait ouï-dire que certains bambins priaient les fées quand ils étaient malheureux. Sensible à leur prière, elle avait concocté un plan : celui de venir occuper un lopin de terre pendant quelque temps, afin de remplir une mission de joie envers les enfants.

Arriva le jour tant attendu! Quand il fut temps de se propulser dans l'orbite terrestre, il y eut un court instant de panique : elle n'avait pas pensé qu'il lui fallait prendre un corps physique afin qu'il soit vu par les enfants. C'était le moment de naître et elle habitait toujours on corps de fée. Vitement, elle décida de prendre le corps d'une rose. Ouf! Elle l'avait échappé belle. Elle avait failli louper son atterrissage. Juste à temps, elle déploya ses petits pétales rouges et s'installa sur sa tige, face au soleil et au vent, prête à tout.

Dans les jours qui suivirent, elle ouvrit graduellement son cœur de rose en s'épanouissant de jour en jour, exhalant un parfum délicieux et enivrant. Elle découvrait peu à peu la vie de rose qui lui parut rapidement très éloignée d'une vie de fée. En fait, c'était loin d'être rose tous les jours. Elle suffoquait sous la chaleur, souffrant de la soif et de la solitude car aucun marmot n'était encore venu la voir pour lui raconter ses secrets, lui chuchoter à l'oreille et l'admirer. Elle se croyait tout de même digne d'admiration, vu sa beauté, et espérait bien être humée puisqu'elle sentait si bon!

Non, ce n'était pas du tout ce qu'elle avait imaginé. Elle attrapa même quelques afflictions dont elle faillit mourir. Elle se sentait si perdue et si seule au monde, qu'elle en avait oublié sa mission! Elle ne savait plus pour qui et pour quoi elle avait fait ce voyage au-delà du royaume des fées. Elle s'ennuyait terriblement de son royaume et de ses amies fées. Particulièrement quand elle fut malade, alors qu'elle vivait tant de peine qu'elle en mouillait tous ses pétales, elle faillit sombrer dans un terrible désespoir. Elle avait beau se démener, il lui semblait que rien ne se passait comme elle l'avait planifié. En fait, elle ne se rappelait plus du tout du plan qu'elle avait fait.

"Que m'arrive-t-il? se disait-elle sans cesse. Il faut que je comprenne ce qui se passe. À l'aide, au secours! Je n'en peux plus moi de souffrir et de ne rien comprendre!"

Alors qu'elle hurlait sa peine et sa douleur, elle ne vit et n'entendit pas quelqu'une s'approcher doucement d'elle, escalader habilement sa longue tige et s'infiltrer silencieusement à travers ses pétales, jusqu'à son cœur. Quand sa meilleure amie fée parvint et s'installa au cœur de son cœur, la rose-fée fondit en larmes. Elle pleura abondamment sa peine au lieu de hurler sa douleur. Enfin elle s'abandonnait et se laissait aller à son chagrin. Elle ne comprit pas tout à ce moment-là, mais put accepter que cette souffrance la conduise à son destin. Elle fit confiance à son âme de rose-fée et la pria de lui apprendre à devenir celle que les bambins attendaient.
Pendant que le calme s'installait tout doucement au creux de son cœur, que guérissaient lentement les nombreuses blessures, laissées quelquefois par ses propres épines, elle entendit enfin la voix de sa meilleure amie fée qui murmurait à son cœur des mots tendres, des mots d'amour ressemblant à ceci :

"Ma douce amie, aime-toi et laisse-toi aimer. Tu ne comprends pas encore mais Tout dans la vie sur terre arrive pour une raison.

Les tourments auxquels tu fais face et que tu affrontes avec tant de bravoure te font pousser et devenir plus forte et plus belle. Tout ce qui t'arrive, ton âme de rose-fée en avait besoin pour remplir la mission que tu t'es donnée. Tu ne t'en souviens plus mais ton âme, elle, se souvient. Le temps terrestre guérira toutes ces blessures. Sois patiente. Tu sauras trouver le chemin pour accomplir ton plan. Fais totalement confiance à ton âme de rose-fée. Les bambins seront si heureux de t'apercevoir enfin! Fais confiance. Aime-toi et laisse-toi aimer. Tu es belle d'une beauté que tu ne peux imaginer. Laisse tous tes pétales s'ouvrir largement à leur splendeur et à leur arôme enivrant. Laisse la chaleur de ton soleil et de ta rose-lumière rayonner sur tous les mondes. Ose devenir une rose-fée unique et pleinement épanouie".

Le calme était maintenant revenu et la rose-fée pétillait de joie. La venue de son amie fée l'avait si bien réconfortée qu'elle se percevait à nouveau en parfait accord avec sa mission de gorger de beauté, d'odeur et d'amour les bambino terriens.

Puis, tout à coup, elle prit conscience que dans sa hâte et son excitation, elle n'avait pas pris le temps de se choisir un nom. Immédiatement elle fut inspirée et devint complètement radieuse et métamorphosée. Dans un éclat de joie, elle s'exclama : "Rose-Aimée, quel magnifique nom! Et qui me va très bien à part ça!"

À partir de ce jour, le bonheur et la fierté d'être une rose-fée pour les enfants ne la quitta plus jamais.

Remerciements

Merci tout d'abord à vous, mes parents, Charles-Émile et Simone, d'avoir si généreusement accepté de collaborer à mon Plan de vie. Avec l'amour que vous pouviez donner, vous m'avez conçue et m'avez insufflé la vie; vous avez nourri, protégé et accompagné mes jeunes années. Vous avez même accepté, dans la fierté, de me confier à une communauté religieuse, alors que je n'avais que 15 ans. Je voulais œuvrer comme missionnaire et vous avez dit oui. Alors que certains ont cru que vous m'aviez laissée partir trop tôt, j'ai toujours su que vous collaboriez au plan que mon âme avait conçu.

Merci à vous mes frères et sœurs, Lise, Marcel, Madeleine, Normand et Claire de m'avoir acceptée dans vos rangs, même si j'étais différente de vous. "Je me demande où on l'a prise celle-là" disait ma mère. J'honore notre lignée et je vous aime.

Merci Jean-Pierre et Julie, vous mes enfants dont je suis si fière, merci de m'avoir choisie pour être votre mère. C'est un grand bonheur d'avoir été le réceptacle de vos petits corps, d'avoir assisté à votre premier souffle et vos premiers cris, de vous avoir nourris de mon lait, d'avoir accompagné vos premiers pas et d'avoir soutenu vos apprentissages de toutes sortes. Je sais que tout n'a pas été parfait, et quelquefois, j'en ressens encore de la peine. Cependant, mon amour pour vous est inconditionnel et acquis à jamais. Tant que je serai sur terre et même après, je serai toujours là pour vous.

Merci à toi, Pierre, d'avoir accepté d'être le père de mes enfants. Ils t'ont choisi aussi et tu as accepté généreusement de faire avec moi le bout de chemin nécessaire. Merci plus particulièrement d'avoir été là alors que je n'y étais pas. Ils n'auraient pas pu choisir un meilleur père pour faire l'équilibre.

Merci à toi, Jean-Marie, mon âme sœur, qui m'accompagne maintenant quotidiennement sur mon chemin. Merci de collaborer à l'actualisation de mon potentiel et à ma recherche d'équilibre entre mes natures humaine et divine. Merci pour ton amour inconditionnel et ta sagesse qui contribuent à renforcer ou transformer chaque jour mes croyances.

Merci Diane, Nathalie, Claudine et Jean-François, de m'avoir accueillie si chaleureusement parmi vous. Merci à toi, Louise, de m'avoir fait une si grande place.

Merci à toi, ma grande amie Sylvie A, pour tes nombreuses collaborations. Avec toi et grâce à toi, je vibre pleinement à ma Famille d'Âmes des Passeurs, j'expérimente mes qualités de Bâtisseur, je renforce mon sentiment de sécurité, j'apprends à accepter mes imperfections encore trop nombreuses, j'affronte nos conflits, j'exprime mes émotions et je développe ma fierté. Merci d'être là avec toute ton intensité et ton intégrité. Ta détermination à défendre tes valeurs, haut et fort, m'inspire. J'apprends beaucoup à travers notre relation et je t'en suis reconnaissante.

Merci à toi, mon amie Louise. Avec toi, je sens et je vis pleinement la collaboration de nos âmes à la recherche d'une élévation de la conscience. Le plaisir que nous éprouvons à faire connaître et à développer la thérapie en régression, au Québec et à l'étranger, enrichit notre Plan de vie mutuel.

Merci à vous, mes pré-lecteurs : Jean-Marie, Sylvie, Louise, Marie-Ève, Lise et Marie-Noëlle. Vos commentaires judicieux, votre ouverture à faire part franchement de vos critiques et la générosité de vos propos a grandement contribué à la qualité de ce livre. Chacun et chacune de vous, à sa manière, a fait une différence. Merci de m'avoir consacré votre précieux temps.

Merci Jean-François pour la magnifique illustration du titre. Cette image amorce, dès les premières pages et de façon majestueuse, la lecture du livre. Merci Delphine d'avoir accepté le défi d'illustrer les pages de chapitre. Tous verront que tu as un magnifique talent. Jean-François et toi en avez fait un produit final très inspirant. Merci à tous les deux pour votre générosité et la qualité exceptionnelle de vos créations.

Une pensée de gratitude s'adresse aussi à l'équipe d'intervenants du Département de Police de Ville de Laval : Isabelle Briand, Procureur de la Couronne, Claude Tessier et Chantal Bouchard, agents détectives, Caroline Bureau, criminologue. Je remercie particulièrement Franco Baldino, sergent détective, responsable de mon dossier. Je ne peux passer sous silence le sergent détective René Pothier qui, le 13 novembre 2008, lors d'une rencontre avec la Procureure de la Couronne, a semé une graine en me posant la question : « Allez-vous écrire un livre qui racontera votre expérience? ».

Merci à toutes les âmes collaboratrices qui font ou ont fait partie de ma vie. Je ne peux toutes vous nommer car vous êtes et avez été si nombreuses. Merci d'avoir été là au bon moment. Merci pour votre présence actuelle et future.

Annexe 1 : La totalité[57]

À n'importe quel moment de votre journée, arrêtez-vous, stoppez tout et prenez conscience de ce qui se passe autour de vous et en vous, de ce que vous voyez, de ce que vous entendez, de ce que vous sentez, de ce que vous goûtez, de ce que vous ressentez et de ce que vous pensez.

- Prenez le temps de regarder au-delà de ce que vous regardez habituellement, observez les détails de l'endroit où vous vous trouvez, les couleurs, les formes, etc.
- Portez attention aux comportements des personnes, essayez de voir au-delà de ce qui est apparent.
- Écoutez les bruits autour de vous et ceux qui sont plus lointains, ceux qui sont à peine audibles comme les plus forts, les bruits auxquels vous vous êtes tellement habitués que vous ne les entendez plus, écoutez le son de votre voix quand vous parlez, écoutez le silence ou l'absence de silence, écoutez battre votre cœur.
- Sentez les odeurs qui baignent l'atmosphère, humez, respirez ces odeurs qui vous enchantent, prenez conscience de celles qui vous déplaisent.
- Goûtez pleinement ce que vous ingérez à l'instant, différenciez les subtilités dans les goûts, détectez les goûts que vous aimez et ceux que vous détestez.
- Ressentez l'émotion ou le sentiment qui est là : est-ce de la joie, de l'excitation, de la sérénité ou plutôt de l'inquiétude, de l'indifférence, de la tristesse, de la colère, de la frustration, de l'insatisfaction, etc. ?
- Observez vos pensées: votre dialogue intérieur est-il négatif ou positif, parle-t-il du verre à moitié vide ou du verre à moitié plein, imaginez-vous des images noires et grises ou lumineuses et colorées?

57Cet exercice s'inspire d'une lame du *Tarot Zen* de Osho Rajneesh, Éditions du Gange, 1995.

Annexe 2 : Exercice méditatif[58]

Installez-vous confortablement, de préférence les pieds bien à plat sur le sol, les mains ouvertes sur les cuisses. Pour cette méditation, l'inspiration et l'expiration se font par le nez. L'exercice comporte quatre étapes de cinq minutes, et il est important d'aller au bout de chacune avant de passer à la suivante. Au début, consacrez-y au moins vingt minutes.

Étape 1

Fermez les yeux, détendez-vous. Comptez vos respirations afin de mieux entrer en contact avec elles. Observez simplement votre respiration se faire avec le moins d'efforts possibles, en suivant son rythme naturel. Comptez *après* chaque expiration, 10 fois de suite. Puis recommencez pour 10 autres respirations. Continuez à compter.
Exemple : Inspirez, expirez, puis comptez un.
　　　　　Inspirez, expirez, puis comptez deux…
　　　　　et ainsi de suite jusqu'à 10.
　　　　　Puis recommencez.
　　　　　Inspirez, expirez, puis comptez un…
　　　　　et ainsi de suite jusqu'à 10 de nouveau.

Étape 2.

Vous allez maintenant inverser le processus, c'est-à-dire compter *avant* chaque inspiration. La différence est subtile, mais elle modifiera votre façon de vous concentrer sur votre respiration.
Exemple : Comptez un, inspirez, puis expirez.
　　　　　Comptez deux, inspirez, puis expirez…
　　　　　et ainsi de suite jusqu'à 10.
　　　　　Poursuivez vos cycles de 10 respirations.

Étape 3

Ne comptez plus, mais observez simplement votre respiration aller et venir, sans le moindre effort. Savourez l'expérience au fur et à mesure que vous prenez conscience de la sensation totale de respirer. Portez également attention aux petites pauses entre chaque respiration

---

58Cet exercice est tiré du livre « Le Pouvoir de l'âme cultiver la sagesse pour mieux vivre en ce monde » p. 22-24

<u>Étape 4</u>

Concentrez légèrement votre attention sur la sensation au bord des narines et des lèvres, tandis que vous respirez. Essayez de ne rien forcer à cette étape. Concentrez-vous calmement sur votre souffle. Prenez conscience de l'énergie paisible à l'intérieur de vous et accordez-vous quelques instants pour vous fondre dans celle-ci et ne faire qu'un avec elle. Sentez à quel point l'énergie de votre âme se répand. Sentez l'amour dans votre cœur, prenez conscience de la sensation de calme et de paix qui vous envahit au moment où vous rencontrez votre âme. Voilà qui vous êtes... voilà votre âme qui vient à votre rencontre. Rappelez-vous cette sensation en revenant dans le présent.

Ne vous inquiétez pas si vos yeux se remplissent de larmes, c'est normal, car votre cœur, qui se sentait peut-être vide depuis trop longtemps, est tout à coup comblé. Nous faisons tous cette expérience quand l'âme communique avec nous, et grâce à cet exercice de méditation, vous pouvez ressentir le pouvoir infini de cette partie de vous-même.

Annexe 3 : L'astrologie évolutive (psycho-spirituelle)

L'astrologie, cet art qui fascine les hommes depuis des milliers d'années, fait actuellement un saut évolutif majeur. Nous entrons dans l'ère du Verseau et la connaissance sous toutes ses formes est maintenant à notre portée. Nous sommes présentement à un tournant de l'histoire où tout se transforme et évolue rapidement. Ce temps de transition s'avère très propice à l'évolution de la conscience chez nombre d'individus. Dans cette optique, l'astrologie évolutive (psycho-spirituelle) doit s'éloigner d'un déterminisme rigide et laisser toute la place au libre arbitre: elle se veut donc non prédictive. Lors de la consultation astrologique, l'accent est mis sur la conscience de ce que l'on est vraiment et de nos besoins. Ainsi, elle s'avère être un précieux outil de connaissance de soi et un processus nous ouvrant à toutes nos potentialités. Accéder ou non à ces dites potentialités, annoncées par notre carte du ciel, devient un choix personnel.

Psycho: parce qu'elle nous fait prendre conscience de nos forces, de notre possible devenir, de nos "patterns psychologiques" freinant l'évolution que nous recherchons, de nos croyances inconscientes nous limitant. Voilà autant d'éclairages que peut apporter l'astrologie évolutive. Étant holistique, ce type d'astrologie tient compte de tous les paramètres englobant la vie humaine physique, émotionnelle, mentale et spirituelle. Si vous vivez une période difficile, que ce soit au niveau affectif ou émotionnel, une perte d'emploi ou une réorientation professionnelle, un deuil, une maladie ou tout autre problème, l'astrologue, par son accompagnement psychothérapeutique, peut, à travers cet outil, vous aider à comprendre, à accepter ou tout simplement à saisir l'opportunité offerte par les planètes de faire les changements que vous désirez. Ceux-ci permettront ainsi à la guérison intérieure de se manifester.

Spirituelle: la psyché humaine a la motivation et l'impulsion de tendre vers l'accomplissement et la réalisation de la totalité d'elle-même. L'astrologie, en permettant de contacter, d'accepter et d'aimer toutes les parties de l'être que nous avons choisi d'incarner, ouvre le chemin à la réalisation totale de Soi. L'astrologue, par une démarche psychothérapeutique et en utilisant le symbolisme des planètes et des signes astrologiques, devient un guide sur le chemin d'évolution.

Lors d'une consultation astrologique, l'accent est mis sur un dialogue ouvert permettant au client de se situer face aux événements de sa vie. Ensembles, le client et l'astrologue, ils explorent le contenu de la carte du ciel à la naissance; celle-ci donne des indications des forces présentes, des potentialités non actualisées et des difficultés à dépasser. L'astrologie permet un regard nouveau sur les événements vécus et sur leur signification. Elle jette ainsi les bases d'une possible transformation.

Cette démarche d'évolution consciente favorise le libre arbitre et donne des outils puissants de développement.

L'astrologie évolutive, par la connaissance de soi et la compréhension qu'elle apporte, est un outil réel de changement et d'évolution.

Annexe 4 : La Thérapie en régression

Je pratique la Thérapie en régression depuis plusieurs années et à chaque accompagnement, je suis toujours émerveillée du pouvoir de cette thérapie : elle apporte des réponses, du réconfort, du sens et une transformation en profondeur en peu de temps. Son fondateur est Pierre Dubuc. Auteur de trois livres sur la thérapie en régression, Pierre Dubuc a une expérience de trente ans dans ce domaine. Il a guidé plus de quinze mille régressions avec sa clientèle.

La Thérapie en régression est un processus de guérison en trois étapes, où, en retrouvant la source originelle de leurs problèmes, les personnes peuvent se guérir de maux émotionnels tels que phobie, angoisse, état dépressif, panique, deuil non fait, manque de confiance, etc. et de maux physiques tels que fibromyalgie, migraine, etc.

Ce processus en douze rencontres, échelonnées sur sept mois environ, fait appel à nos pouvoirs d'auto-guérison et aux pouvoirs de guérison spirituelle de notre Moi Supérieur et de nos Guides personnels. Quand nous avons établi notre Plan de Vie, nous avons choisi d'expérimenter certaines émotions pénibles et douloureuses dans cette vie afin de développer notre sensibilité et d'apprendre à transformer ces émotions en sentiments de joie, de sérénité et d'amour.

Ces émotions douloureuses, appelées énergies de basse fréquence, peuvent être appelées des émotions de non amour : non amour de soi et des autres. Nous avons à apprendre à les transmuter en énergies de haute fréquence, c'est-à-dire, en sentiments d'Amour et de Joie, à réagir à partir de notre cœur et non à partir de la partie de notre ego qui cherche constamment à se faire valoir et qui réagit à partir des événements traumatiques du passé. Dans une bonne intention, il veut nous protéger de souffrir à nouveau. Il réagit donc de façon automatique et en répétant toujours les mêmes schémas de comportements. Ce sont des mécanismes de protection et de défense. En développant la conscience de ces schémas comportementaux, nous pouvons choisir la lumière qui irradie plutôt que l'ombre qui assombrit notre vie et nos relations.

La Thérapie en régression permet d'aller explorer ces énergies de basse fréquence et de découvrir la cause de leur présence dans notre vie (première étape). Pourquoi avons-nous encore besoin de ressentir la peur d'être abandonné ou rejeté, la dévalorisation, la haine, la colère, l'injustice, le sentiment de n'être pas compris, la honte, etc.? Quel est ou quels sont les événements de cette vie ou d'une vie passée qui génèrent ces émotions? En retrouvant la mémoire de ces événements, nous pouvons mieux comprendre le Plan de notre Âme, nous pardonner d'avoir attiré ces événements et ces personnes dans notre vie et pardonner à ces personnes qui ont participé à ces expérimentations. Comprendre que nous avons nous-mêmes choisi ces expériences afin de transcender ces énergies d'ombre permet de pardonner et de développer la compassion du cœur. Une fois que nous avons compris et pardonné, il devient plus facile de nous abandonner à notre pouvoir d'auto-guérison de ces émotions (deuxième étape).

Puis, la transcendance s'opère : les émotions douloureuses de honte, de colère, d'injustice, de rejet, d'abandon se transforment en sentiments de paix, de sérénité, de joie et d'amour. Assistés de notre Famille d'Âmes, de nos Guides personnels, de notre Moi supérieur ou de toute autre entité de Lumière, nous devenons réceptifs à l'Amour qui guérit et nourrit dorénavant les milliards de cellules de notre corps. Forts de cette compréhension et de cette guérison, nous pouvons maintenant recréer l'événement passé à notre guise ou créer notre vie présente comme nous le souhaitons et à la mesure de notre plein potentiel (troisième étape).

Le pouvoir de la Thérapie en régression est beaucoup plus grand que ce que nous en connaissons et en avons expérimenté jusqu'à maintenant. C'est un travail en profondeur opérant une guérison du présent, du passé et du futur. En nous permettant de nous situer au niveau du cœur plutôt qu'au niveau de l'ego blessé, nous devenons plus aimants, plus généreux, plus ouverts à la Vie et aux autres et plus lumineux, car cette lumière intérieure peut enfin briller.

Lors d'une séance de thérapie en régression, il est aussi possible de retrouver des mémoires de vies passées où nous avons développé des talents particuliers. Nous avons vécu plusieurs vies qui ont été satisfaisantes et épanouissantes. Retrouver la mémoire de ces parcelles de vie où nous nous sommes réalisés et développés nous permet de nous réapproprier le pouvoir de ces qualités et talents particuliers déjà expérimentés. Puisque nous les avons vécues, ces vies font partie de nous et il suffit d'en retrouver la conscience pour pouvoir en tirer toute la richesse intérieure. Nous ramenons peu à peu de l'inconscient, la conscience de ce que nous sommes en totalité.

Quand nous prenons un nouveau corps, nous oublions qui nous avons été dans les vies précédentes. La Thérapie en régression nous permet de retrouver ces mémoires. Elles sont une partie de nous, voilà pourquoi nous pouvons les recontacter et ressentir à nouveau que nous sommes forts, courageux, créatifs, généreux, assoiffés de spiritualité, bons, passionnés, à l'écoute des autres, etc. Ces talents particuliers réactivés dans notre vie actuelle contribuent à notre guérison et au développement de notre plein potentiel.

Il arrive parfois que, lors d'une régression, notre Moi supérieur nous ramène à l'instant entre deux vies, que nous appelons l'Au-Delà. C'est là que notre âme évalue la vie qui vient de se terminer et qu'elle prépare la prochaine incarnation. Il n'est pas facile de savoir de façon juste et certaine ce qui a motivé notre présente incarnation et quel est notre Plan de vie. De nous retrouver dans cet espace alors que nous sommes totalement ouverts et à l'écoute de notre Moi supérieur devient un magnifique cadeau à développer. Il est alors temps de questionner pour éclairer notre chemin de vie afin de devenir partenaire de notre âme.

La Thérapie en régression est un outil de guérison de soi et des autres. La guérison des mémoires retrouvées en régression a aussi un impact sur les personnes que nous côtoyons et avons côtoyées dans le passé. Plusieurs personnes témoignent des impacts de leur processus de thérapie en régression sur leurs proches. Nous ne pouvons pas le prouver, mais nous prétendons que nos ancêtres et nos générations futures en profitent aussi.

Après le processus des douze rencontres, il est possible de résoudre nos problématiques encore plus en profondeur. Ces techniques, dites avancées, permettent de retrouver graduellement tous nos pouvoirs spirituels et de retrouver le sentiment d'unité perdu lors de l'incarnation. Il arrive parfois que nous traversions le voile et que nous ressentions, pendant quelques instants, la joie indicible d'être relié à notre âme.

La Thérapie en régression permet de passer des peurs générées par l'égo à la sérénité du coeur, de l'ombre à la Lumière, de l'incompréhension à la compréhension, de l'ignorance à la connaissance, du non amour à l'Amour.

Pour en connaître davantage, je vous suggère de lire le dernier livre de Pierre Dubuc : « Pionnier de la conscience par la régression ».

Annexe 5 : Vivre la cohérence cardiaque[59]

- Tournez votre attention vers l'intérieur de vous et mettez toutes vos préoccupations de côté pour quelques minutes, le temps nécessaire au cœur et au cerveau pour retrouver leur équilibre.

- Prenez deux respirations lentes et profondes. Inspirez lentement et profondément mais sans forcer, faites une légère pause, puis laissez votre attention accompagner votre souffle tout au bout de l'expiration; faites à nouveau une pause de quelques secondes, puis, laissez l'inspiration suivante se déclencher d'elle-même. Lors de l'expiration, laissez-vous porter par elle jusqu'au point où elle se transforme naturellement en une sorte de douceur et de légèreté.

- Lorsque vous sentirez le calme s'être installé dans votre respiration, portez votre attention sur la région du cœur dans votre poitrine. Imaginez maintenant que vous respirez à travers votre cœur.

- Lentement et profondément (naturellement et sans forcer), visualisez et sentez chaque inspiration et chaque expiration traverser cette partie si importante du corps.

- Imaginez que l'inspiration apporte l'oxygène dont votre coeur a besoin et l'expiration lui permet de se débarrasser de tous les déchets dont il n'a plus besoin.

- Visualisez que les mouvements lents et souples de votre respiration lavent votre cœur dans un bain d'air pur, purificateur et apaisant (comme un enfant dans un petit bain d'eau tiède où il flotte et s'ébat à loisir, à son rythme, sans contraintes ni obligations). Vous le regardez simplement s'ébattre, à sa manière, en continuant de lui apporter de l'air doux et tendre.

- Connectez-vous maintenant à la sensation de chaleur ou d'expansion qui se développe dans votre poitrine. Timide au début, cette sensation deviendra plus facile avec la pratique. Pour vous aider à développer cette sensation, évoquez un sentiment de reconnaissance ou de gratitude, ou un sentiment d'amour pour un être cher ou à l'idée d'un univers bienveillant, ou évoquez le visage d'un enfant ou d'un animal, ou visualisez une scène paisible dans la nature ou le souvenir d'un bonheur dans l'action (ski, voile, peinture, golf, musique, etc.)

59S'inspire du livre de David Servan Schreiber *« Guérir le stress, l'anxiété et la dépression sans médicaments ni psychanalyse »* p. 68-72

Évoquer une émotion positive grâce à un souvenir, ou même une scène imaginée, induit une phase de cohérence. Cette cohérence se répercute rapidement sur le cerveau émotionnel, lui signifiant que tout est en ordre dans la physiologie. Le cerveau émotionnel répond en renforçant la cohérence du cœur. La cohérence entre le cerveau et le cœur stabilise le système nerveux autonome (équilibre sympathique/parasympathique) ce qui crée une situation optimale pour faire face à toute éventualité.

Faire cet exercice tous les jours, ou le plus souvent possible, aura un impact important sur votre santé physique et psychique. Il supportera l'homéostasie naturelle du corps.

Annexe 6 : L'écriture primitive[60]

<u>Séries de mots-clés :</u>

Terre - Air - Eau - Feu
Père - Mère - Frère - Sœur
Corps - Émotion - Cœur - Esprit
Soumission - Sexe - Amour - Autorité
Dieu - Enfant - Vie - Guide

<u>Procéder comme suit :</u>

1. Préparer des papiers correspondant aux mots des séries et, après un temps de concentration et d'apaisement intérieur, tirer au sort un mot de chaque série.
2. Porter sur soi pendant au moins quelques heures (voire quelques jours) les cinq mots choisis. Laisser naître en soi une histoire à partir de ces mots.
3. Lorsqu'on se sent prêt à écrire, se mettre en situation de le faire en étant certain de n'être pas dérangé pendant au moins une heure.
4. Se laisser écrire sans chercher à comprendre ce qui s'écrit, sans analyser, sans juger, même s'il y a incohérence apparente.
5. Reprendre le texte non pour le transformer, mais pour en améliorer l'expression et le style. Puis méditer sur le texte écrit.

Ces cinq mots deviennent en effet des mots de pouvoir, détenant partiellement en eux, la clé explicative de notre vécu relié au passé et de notre avenir.

60Tiré du livre de Jean-Yves Revault "La guérison par l'écriture" p. 148

Bibliographie

Asselin, Sylvie et Picotin, Germaine, Les quatre piliers de la vitalité, Éditions Quebecor 2010, 255 pages

Beauregard, Mario et O'Leary, Denyse, Du cerveau à Dieu, Guy Trédaniel Éditeur 2007, 437 pages

Bianca Gaïa, Bienvenue dans la 5e dimension la Quintescence de l'Être, Ultime Secret de l'Ascension, Les Éditions des 3 Monts 2007, 334 pages

Braden, Greg, La guérison spontanée des croyances L'éclatement du paradigme des fausses limites, Éditions Ariane 2009, 306 pages

Byrne, Rhonda, Le secret, Éditions Un monde différent 2007, 240 pages

Donnini, Evelyne, Quand la peur prend les commandes Comprendre et surmonter le traumatisme psychologique, Les Éditions de l'Homme 2007, 312 pages

Dubuc, Pierre, Pionnier de la conscience par la régression, les Éditions ATMA internationales 2008, 227 pages

Gilligan, Stephen, Le courage d'aimer, Éditions Le Germe Satas 1999, 295 pages

Guinée, Dr. Robert, Les maladies, mémoires de l'évolution, Robert Guinée éditeur 2004, 406 pages

Hay, Louise L., Oui, je peux comment les affirmations peuvent changer votre vie, Éditions ADA Inc. 2004, 107 pages

Holland, John, Le Pouvoir de l'âme cultiver la sagesse pour mieux vivre en ce monde, Éditions ADA Inc. 2008, 262 pages
Kübler-Ross, Élisabeth, La mort dernière étape de la croissance, Édition du Club Québec Loisirs inc.1980, 220 pages

Larivey, Michelle, La puissance des émotions comment distinguer les vraies des fausses, Les Éditions de l'homme 2002, 335 pages

Le Verrier, P. Yvon, Branchez-vous sur votre âme la spiritualité démystifiée, Les Éditions Liberté Nouvelle 1998, 207 pages

Lipton, Bruce H., Biologie des croyances, Éditions Ariane 2006, 263 pages

Maître Saint-Germain, Lessard, Pierre, Manifester ses pouvoirs spirituels vivre en équilibre dans un monde en mutation, Tome 1, Éditions Ariane 2009, 338 pages

Marquier, Annie, La liberté d'Être, Éditions du Gondor 2004, 542 pages.

Le Maître dans le cœur, Éditions Valinor 2007, 338 pages.

Moore, Élisabeth, Les bienfaits de la colère, Les Éditions Quebecor 2000, 156 pages

Revault, Jean-Yves, La guérison par l'écriture théorie et pratique de la thérapie par l'écriture, Éditions Jouvence 2003, 176 pages

Schwartz, Robert, Âmes courageuses Programmons-nous les défis de notre vie avant notre naissance? Éditions Hélios 2009, 256 pages

Servan-Schreiber, David, Guérir le stress, l'anxiété et la dépression sans médicaments ni psychanalyse, Éditions Robert Laffont 2003, 302 pages

Spalding, La vie des maîtres, Quantic Audio 2007

Vitale, Joe, Zéro limite le programme secret hawaïen pour l'abondance, la santé, la paix et plus encore, Les Éditions Le Dauphin Blanc 2008, 245 pages

À propos de l'auteure

Depuis mon tout jeune âge, je me pose la question: "Qui suis-je?" Un jour, un astrologue m'a permis de comprendre que cette éternelle question ferait toujours partie de ma vie, ayant la planète Neptune à mon Ascendant. À partir de ce moment, j'ai aimé être une femme qui cherchait à se comprendre et à se réaliser et j'ai voulu accompagner des personnes qui avaient ces mêmes besoins

Je suis infirmière de profession. J'ai pratiqué en Afrique, puis au Québec, en hôpital et en CLSC. De 2003 à 2006, j'ai suivi une formation pour devenir thérapeute en PNL (programmation neurolinguistique), en astrologie évolutive et en thérapie en régression. En 2013, j'ai complété une formation en Soin énergétique.

De tout temps, je me suis intéressée au développement personnel, ayant la volonté de me connaitre davantage et de devenir de plus en plus consciente de mes capacités. J'ai vécu moi-même plusieurs résistances à devenir celle que je suis, de même qu'à être vue et entendue. Après avoir cherché et développé ces potentialités depuis ma tendre enfance et malgré que le travail ne soit pas terminé, j'ai maintenant le privilège d'accompagner des personnes ayant choisi de parcourir ce chemin.

Un vécu personnel de cancer en l'année 2000 et 2013 de même qu'une agression physique en l'année 2008 ont renforcé mon cheminement spirituel vers la compréhension de mon chemin de vie.

Depuis 2008, je sens le besoin d'écrire afin de partager mes acquis. De plus, j'offre des conférences à partir des sujets de mes livres. Voir devant moi des visages curieux, ouverts et confiants en ce que je peux leur apporter, est toujours pour moi un émerveillement et une fierté pour ce que je suis devenue en parcourant ce chemin de connaissance de moi, de conscience et d'évolution.

Depuis juin 2013, je suis thérapeute en Soins énergétiques. Le soin énergétique favorise la guérison des déséquilibres physiques, émotionnels et mentaux tels que malaise physique, troubles anxieux, angoisse, nervosité, agitation mentale, symptômes reliés à un choc traumatique, etc. Il complète magnifiquement l'accompagnement psycho-thérapeutique.

Vous guider et vous accompagner à travers mes écrits, sur ce chemin d'auto-guérison, de création et de découverte de votre plein potentiel, est pour moi un privilège.

Site internet : www.germainepicotintherapeute.com

Courriel : gpicotin@msn.com

<u>Activités offertes</u>

Accompagnement psycho-thérapeutique individuel

Conférences

La santé émotionnelle : un pré-requis pour être en santé physique

Il est maintenant démontré que les problèmes physiques trouvent souvent leur origine dans les problématiques psychiques. Lors de cette conférence, les thèmes suivants sont abordés : être en équilibre émotionnel, prendre conscience que nos réactions émotionnelles sont reliées à notre passé, apprendre ou réapprendre le langage des émotions, l'estime de soi, la reine des émotions.

<u>La thérapie en régression, thérapie du corps, de l'âme et de l'esprit</u>

Ce processus, qui ramène à la mémoire des événements de la vie présente ou passée, permet de retrouver les émotions responsables de schémas répétitifs dans notre vie. Il fait appel à nos pouvoirs d'auto-guérison et de guérison spirituelle de notre Moi Supérieur et de nos Guides personnels.

Lors de cette conférence, nous explorons ce qui se passe durant le processus de thérapie en régression, comment elle agit sur notre bagage émotionnel et quels sont les impacts positifs sur soi et notre entourage.

<u>Des outils pour triompher d'une épreuve</u>

Quand nous arrivons face à une rivière tumultueuse (maladie, perte, agression, deuil, etc.) et que nous ne pouvons plus reculer, il y a des attitudes, des pensées et des croyances qui rendent la traversée du pont de l'épreuve moins difficile. Les thèmes abordés dans cette conférence sont : les traumatismes et leurs impacts, les croyances à renforcer ou à bannir, la gestion de nos émotions et les comportements qui transforment la souffrance en étape d'évolution.

<u>Les résistances et le processus thérapeutique</u>

<u>Dans la première partie</u> de l'atelier, nous cherchons ensemble à définir ce qu'est une résistance au point de vue thérapeutique, c'est-à-dire dans un processus de changement. Pourquoi résistons-nous à changer des attitudes et des comportements alors que nous savons que ces changements seraient meilleurs pour nous?

La deuxième partie consiste en un exercice où, dans un état de détente, vous visiterez une de vos résistances dans le but de la comprendre et de la transformer.

Les quatre piliers de la vitalité
En collaboration avec Sylvie Asselin, naturopathe, co-auteure du livre du même nom.

Nous avons travaillé plus de 20 ans dans les Centres de santé et nos interventions complémentaires permettent de fournir des connaissances sur les facteurs naturels de santé, piliers de la vitalité, et de questionner les croyances ou les pensées qui font que les personnes veulent changer mais n'arrivent pas à opérer ou à maintenir les changements dans leur vie. Lors de la conférence, nous traitons chacun des facteurs naturels de santé, en interaction avec les participants :

- en transmettant des connaissances sur chacun des facteurs
- en questionnant les participants sur leurs choix-santé dans chacun de ces facteurs
- en les impliquant dans une réflexion sur les croyances et les pensées, génératrices de santé ou de maladie
- en les motivant à changer leurs habitudes de vie non satisfaisantes
- en leur permettant de prendre conscience de leurs carences ou de leurs surinvestissements dans ces facteurs naturels de santé
- en répondant à leurs questions sur le facteur naturel de santé de leur choix

Cette conférence, d'une durée de 2h, s'avère un outil d'influence efficace pour inciter les participants à améliorer leur santé globale.

Atelier
Les quatre piliers de la vitalité

L'équilibre des 4 facteurs naturels de santé, alimentation, activité physique, équilibre émotionnel et repos, est au cœur du sujet de cet atelier animé par les auteures du livre " Les quatre piliers de la vitalité " : Sylvie Asselin, gérontologue, naturopathe avec approche hygionomiste® et coach santé et Germaine Picotin, infirmière et thérapeute PNL (programmation neurolinguistique).

Cet atelier vous suggère et vous permet d'expérimenter une panoplie de moyens simples, naturels et plaisants pour atteindre une santé optimale et globale. Vous y apprendrez comment :

- exploiter le pouvoir de votre intention
- mettre à jour et changer certaines croyances
- retrouver naturellement votre forme physique et vous mettre en action simplement
- établir les bases d'une véritable alimentation génératrice de santé

- accéder à l'équilibre émotionnel
- comprendre l'importance du repos et rebâtir votre énergie vitale

Impacts de l'atelier :

- provoque un changement permanent dans la sphère de vie désirée ou carencée (alimentation, activité physique, équilibre émotionnel ou repos),
- permet de comprendre et de vivre l'impact d'une bonne gestion des émotions,
- vous apprend à poser les choix santé simples et nécessaires pour votre équilibre et mieux être global.

Thèmes des rencontres (8 rencontres de 3 heures)

- Être en santé dans le respect d'une approche hygionomiste®
- L'activité physique
- L'alimentation (2)
- L'équilibre émotionnel (2)
- Le repos
- Je choisis la santé

Offert : dans les Entreprises et les diverses Associations

Tout commentaire à la suite de la lecture de ce livre sera le bienvenu. N'hésitez pas à me contacter.

TABLE DES MATIÈRES

www.ingramcontent.com/pod-product-compliance
Lightning Source LLC
Chambersburg PA
CBHW020707270326
41928CB00005B/305